天職地圖

日本「強項大師」獨家設計，直達成功的生涯探索遊戲！

自分だけの強みが遊ぶように見つかる
適 職 の 地 図

土谷愛 著

林佩玟 譯

問題。

請在十秒內回答
下一頁的問題。

如果，

可以告訴你「最適合你的工作」，
不但能夠賺到想要的金錢，
而且每天都會很期待早上醒來，
具充實感又有意義！

有人這樣說的話……
你會想知道那是什麼
工作嗎？

若答案是「否」，

你可以馬上闔起本書沒關係。

因為本書是，

「不知道自己適合什麼工作」

「找不到自己想做的事」

「不知道自己的強項是什麼」

為人生中有上述迷惘的人

解決所有的疑問，

沒有一絲遲疑地獲得

「適合自己的職業」

而設計的「秘密地圖」。

了解自己的強項，
人生就會產生巨大改變

我是發掘強項的顧問土谷愛。

首先，我想簡單說明頂著「發掘強項的顧問」這種奇怪職稱的我，是在什麼樣的脈絡下寫成本書。

我目前經營著以社會人士為對象的教育公司。

教導為了「不知道自己強項」而煩惱的人「找出真正優勢的自我分析法」，現在已經有七千位以上的學員學到了這個方法。

我現在雖然常以專家身分上節目，但其實以前的我生活方式和現在完全相反。

從小學開始就沒有顯赫的學習力，討厭在眾人面前引人注目，很不擅長和別人交流，大學時代的求職，甚至還經歷過被一百間公司拒絕的大慘敗。

從這些痛苦的經驗中，我想著：

「我有任何強項嗎？（我想是沒有吧……）」

「好想找出想做的事，全心埋首於只有一次的人生之中（但我

大概是找不到那樣的事了……）」

「現在的工作不適合我，好想辭職（可是搞不好找不到下一份工作，所以不能辭……）」

於是很悲哀地選擇了放棄「自我」的生活方式。

不過，即使是這樣的我，仍是迎來了改變人生的轉機。那是在我二十三歲時，因為同事無意間的一句話，讓我知道了自己的「強項」。

那件事成為一個契機，我開始改變工作方式及環境，在二十八歲時自己創業。

現在我已經找到了「想做的事」，並以此為工作，有很多好客戶及好同伴，終於實際感受到我活在自己的「理想人生」中。

原先已心灰意冷覺得「自己一無是處」的我，因為知道了自己的強項及該如何應用，於是人生產生了巨變。

我希望每個人都和我一樣，了解「自己」，好好應用，實現「理想的人生」。

這樣的想法，讓我寫下了這本書。

近年來到處充斥著「把興趣當成工作」、「活用自己的個性與

強項」等標語，但是真的能找到自己想做的事、充滿自信地談論自己個性和強項的人，很可惜，我想並沒有那麼多。

　　你應該也是找不到自己的強項、想做的事、適合的工作⋯⋯而拿起了這本書。

　　當你聽到「自我分析」時，有什麼樣的印象？

　　對許多人來說，初次與所謂「自我分析」相遇，大概是求職的時候吧。我當時也是。

　　但現在回想起來，我當時所作的「自我分析」並不是了解「真正的自己」的自我分析。

　　那只不過是「面試官可以接受的答案」、「社會要求的人才」等，扮演他人認為的正確答案的「求職對策」罷了。

　　再進一步說，從決定工作或公司的階段開始，就又是「父母可以放心的正職員工」、「社會上形象正面的大企業」等等，按照他人的正確答案在思考。

　　因為誤以為這就是「自我分析」，結果跳進了不適合「真正的自己」的工作或環境，無論什麼工作都做不久，對於不斷換工作的自己，每天都在自我否定：「我真是個沒用的傢伙。」

　　當時的痛苦情緒，到現在記憶還是很鮮明。

　　我想一定有很多人和我一樣，深植著「自我分析＝痛苦又麻煩的事」的印象。

所以本書想傳達的，不是如何正中某個人的正確答案，而是用遊戲的方式快樂傳授「真正的自我分析方法」。

登場人物有在公司擔任行政職，卻焦慮著「自己的人生繼續這樣好嗎？」的姊姊，以及與求職奮戰中的大學生弟弟。

還有神秘的女人會以引導角色登場。

只要和他們一起跟隨遊戲解開任務，在短短七天後，你就可以找到「①想做的事」、「②強項」、「③如何獲得適合自己的工作的具體計畫」。

雖說是任務，但並不難，而且我特別設計成每個人都會寫的，所以請大家放心。

應該說，這些任務最終會讓你找到「賺到自己想要的金錢，每天都很期待早上醒來，具充實感又有意義『屬於你的天職』」，所以希望你能夠帶著興奮與想像的期待之心完成任務。

一定要盡情玩透本書中的遊戲，並獲得你的「理想人生」。

唉……不行了，我的人生走進死胡同了。

 我說你是怎麼了？難得來了期待已久的咖啡廳，你卻一直在嘆氣。

 因為啊……我面試又被刷掉了，虧我還覺得這次應該會上。沒辦法啊，明明是精選咖啡我喝起來卻完全沒有味道。

 算了啦，別在意。你平常就毛毛躁躁的，面試時應該也是愣頭愣腦的吧。

 現在有需要在傷口上撒鹽嗎？妳自己才是，不是說想換工作？

 沒有啦，我只是看看求職網站而已，一直沒看到喜歡的職缺。

 是喔～這次也要找行政職嗎？

 我沒有很執著於行政職啦，我本來就覺得現在的工作不是很適合我了……只是想到年過三十，現在除了行政我還能做什麼工作，老實說還真的想不出來。每次

想一想就覺得煩，乾脆關掉網站，有一種被迫面對現實的感覺。

目前還是零間公司要錄取的我看來，妳有工作就很好了。
是說現在的工作，不是妳本來就想做的嗎？

哪是啊！我只是懵懵懂懂地隨著旁人去求職而已，所以……而且我也沒有稱得上強項的東西。
工作了十年，結果還是不知道自己適合什麼工作。

這我才想知道咧！
之前那麼自由，到了大三才突然被告知：「求職時自我分析非常重要，快做！」我哪知道要怎麼做啊……
我也不知道自己的強項在哪，有一種「要怎麼樣才能找到想做的事啊？」的感覺。

唉，要出社會也是很辛苦呢……嗯，咦？

嗯？怎麼了？

……欸，你看對面那個位子的女人……

 什麼？……哇，那是什麼詭異的打扮啊？！

 噓！她在看我們這邊！不要和她對到眼睛喔。

 咦……她是不是走向我們了？

 欸，我說你們，從剛才就一直在看我對吧？

 啥？！……沒有，那個，對不起，我們沒有惡意……

 你們看起來是學生和上班族吧。呵呵，難怪會很在意「自己想做的事」還有「適合自己的工作」啦。

 妳、妳聽到了嗎？

抱歉啦，你們和我年輕時太像了，忍不住就……不，沒什麼。

只是我想說一句話。你們再這樣糊裡糊塗過日子，一輩子都不會知道自己的強項或想做的事或適合的工作。

唔……為、為什麼啊？

原因呢……對了，等一下有場好玩的遊戲，你們要不要參加？

遊戲？那是什麼啊？這麼突然……

呵呵，別怕，是我創造的「天職探索遊戲」。只要參加這款遊戲，你們那些煩惱，我想想喔……只需要七天就完全煙消雲散啦。

什麼？……啊，我知道了，這就是傳說中在咖啡廳搭訕年輕人，讓他們掏大錢出來的伎倆吧？

呵呵，別擔心，不會收你們一毛錢。

對了，這份「天職地圖」給你們，是「天職探索遊戲」的門票，這可是解決你們煩惱的唯一王牌，千萬別弄丟了喔。

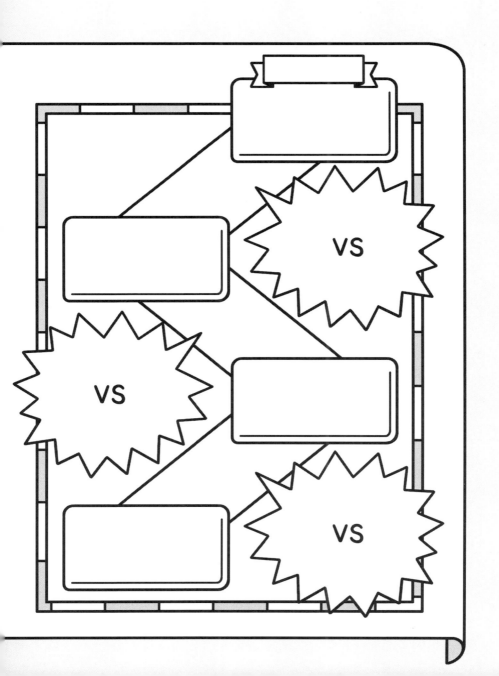

「天職……地圖」是什麼？？上面還畫有奇怪的框框……

遊戲十分鐘後開始，我在這間咖啡廳隔壁大樓的入口等你們。再說一次，不需要付費，不過一定要帶著這份地圖。就這樣啦。

啊，走掉了……

那女人是誰啊，也太強勢了……

怎、怎麼辦？這份地圖……或者該說紙……

嗯～實在是太奇怪了……但反正繼續這樣漫無目的找工作也不會有什麼好機會，如果有什麼引導的話我倒是想聽聽看……

……說得也是，我也工作了五年，到現在卻連自己的強項在哪裡都不知道……那個女人雖然怪，但卻好像被她說中了痛處。好，那就先去聽聽看她要說什麼吧。反正天還亮，我們有兩個人應該不會有事吧？

──兩人結帳之後緊抓著「天職地圖」，不安地往指定的大樓前進。

哎呀，你們來了。呵呵⋯⋯「天職探索遊戲」的入口在這裡。

這場遊戲中，你們會在回顧自己過往人生的同時，找出「想做的事」，以及你們早已擁有的「強項」，然後最終找到獲得理想人生的「天職」。

進去之後，剩下的會由導覽人員清楚說明，好啦，請進。

三大原則

在「天職探索遊戲」開始之前，首先要請你們記下三大原則。

1. 強項不是只有「才華」和「重大實績」
2. 每個人都一定擁有強項
3. 強項可以不受限制地增加

事實上，社會中實在有太多人誤解了「強項」的意思。理解或不理解這個詞，會大幅影響這個遊戲的遊玩方式，因此務必牢記以上的三大原則。接下來我會一一說明。

原則 1 強項不是只有「才華」和「重大實績」

更正確來說，「天生擁有的才華」確實可以成為強項，但這裡要表達的是，「強項」並「不是只有」才華。

聽到強項時，你會浮現什麼畫面？

- 「全國第一名」、「頂尖大學畢業」、「國家證照」等，只有金字塔頂端的少數人擁有的證照或稱號？
- 「英文流利的歸國子女」、「十年的寫程式經驗」之類，突出的

技能或專業？

・「跑得很快」、「腦筋靈活」、「九頭身的模特兒身材」這種天生的才華或外表？

　　如果你只想得到這些類型那就要小心了，繼續這樣下去你可能會覺得「嗯……我好像沒有任何強項……」而走入永遠的「強項迷宮」中。

　　如果擁有上述那些特徵，那確實毫無疑問地可以成為「強項」。

　　不過要是認為「只有」那些是強項的話……這樣的想法實在太可惜了。

　　簡單來說，本書將「強項」定義為「在達成目標的過程中，對自己有利的特徵」。

　　這麼說是因為，查字典的話，「強」這個字會得到「①健壯。強弱的程度。」、「②可靠的優秀之處。優點。」的解釋。

　　不過，各位不覺得「強壯的人」或「可靠的人」會隨著時間和情境而改變嗎？

　　例如「跑很快很擅長短跑的人」在運動會的接力賽時或許很吃香，不過一到了長距離的馬拉松大賽，情勢就改變了對吧？

　　這是因為像接力賽這種「快速跑完短距離」的目標，需要

的是「速度」，但另一方面，馬拉松這種「跑完長距離」的目標，需要的則是「耐力」，兩種目標需要的能力不一樣。

換句話說，只要「目標」不一樣，「派上用場的特徵」也會完全不一樣。

所以「強項」只是單純指稱「在達成目標的過程中，對自己有利的特徵」而已。

只要能夠達成目標，並不一定需要特別的才華。

原則 2　每個人都一定擁有強項

「強項」不是「只有少部分人擁有的東西」，而是「每個人都一定擁有的東西」。

這麼說是因為，你身上並沒有絕對的「強項」或絕對的「弱點」這種非黑即白的特徵。

正確來說，是你有「無數的特徵」，而這些特徵會隨著情境的改變時而是「強項」，時而是「弱點」。

想像這是在打電動，你操縱著龍前去攻打敵人，而你的技能中有一項是「噴火」。

敵人出現在你面前！他和你一樣是操縱「火」的敵方，面對這樣的敵人，你「噴火」攻擊的話會怎麼樣？

大概不論你怎麼拼命噴火，敵方也沒有任何損傷吧。這種時候就應該要使用其他技能來攻擊對吧？像是「水」這種可以滅「火」屬性的技能就還不錯。

接著「不擅長火屬性」的敵人出現了，這次你會怎麼做？

和剛才的情況有了一百八十度大轉變，「噴火」似乎是個強而有力的技能了！

你一噴火，敵人瞬間就融化了。恭喜你！你針對敵人的特性使用了適合的技能，所以贏得了漂亮的勝利。

「想要打倒的敵人」不同，「該使用的技能」自然會跟著改變。這就是重點。

「噴火」這個技能，會因為「想要打倒的敵人」不同，可以是個厲害的技能，也可以剛好相反。也就是說，打從一開始，你就不會有什麼類似「必勝法」這種「絕對最強的技能」存在。

針對「敵人的屬性」使用適合的技能，只有做到這點，你的技能才會成為替你帶來勝利的「強項」。

> ・想要打倒哪一種屬性的敵人＝這場戰鬥的目標
> ・贏過敵人的技能＝在這場戰鬥中活用的「強項」

所謂的「強項」就是這樣的結構。
對現實世界中的你來說也是一樣。

> ・擅長精細作業不覺得苦
> ・每天都在做便當
> ・在燒肉店持續打工了三年

像這樣，你身上有無數的「特徵」，但在這個階段既不是「強項」也不是「弱點」。

不過如果將這些特徵用在適合的地方，適合的對象身上，那就會轉變成「強項」。

> ・從「不擅長精細作業的人」那裡接工作
> ・提供「便當初學者」建議
> ・幫助「經營燒肉店的熟人」

只要這樣找出活用「自己特徵」的方法，就會成為

「強項」。

意思是，只要對你想實現的「目標」有一點幫助，那樣特徵就是個很厲害的「強項」了。

原則 3 強項可以不受限制地增加

最後想說的是，「強項」可以隨意增加！

本書將可能成為強項的特徵分類整理成下列十項。

外 表　個 性

經 驗　知 識　技 能　實 績

時 間　金 錢　物 品　人 脈

這之中分為「先天擁有的強項」和「可以後天增加的強項」，而竟然有八項都是「可以後天增加的強項」！（將在本篇中詳細說明）

所以就算現在的你覺得「自己沒有強項」也沒有關係（其實沒有人是真的「沒有強項」的）。

只要你願意，「強項」可以無限增加，因此請放心地享受遊戲的樂趣吧。

教學二

七天攻略路徑

1 設定尋找強項的目標（遊戲的結局）

　　一開始就要決定身為主要玩家的你，在遊戲結束時的「結局」想要變身成什麼樣的自己？

【第一天】釐清你的「理想未來」。
【第二天】找出實現「理想未來」的過程中「想做的事」並作好決定。

　　接下來你要從哪個關卡開始玩？破關之後又會怎麼樣？帶著興奮的心作好這些設定吧，這樣就完成打造出一款超好玩遊戲的準備了！

▼

2 發掘強項（裝備、咒術、道具）並著裝

　　尋找幫助自己抵達目的地的「強項」。這是身為主要玩家的你盤點裝備，並一樣一樣著裝的階段。

【第三天】找出基本裝備,「資質方面的強項」(外表、個性)。

【第四天】找出像咒術一樣可以逐漸熟記使用的「後天強項」(經驗、知識、技能、實績)。

【第五天】找出緊急情況下可以使用的「支援道具」,也就是「資源方面的強項」(時間、金錢、物品、人脈)。

到這裡,就完成和敵人交戰的準備了!

▼

3 描繪地圖,以強項為武器朝目的地前進

決定好目的地,找出「想做的事」和「強項」以後,你該做的事只有一樣,那就是畫出「前往目的地的地圖」,接下來只需要拿著地圖,一心一意朝著目的地前進即可。

【第六天】繪製前往目的地的地圖。為了順利達到目標,在路程中設置里程碑,或是設定具體該做的任務。

【第七天】擬定如何打倒各種假想敵的作戰策略。該怎麼組合先前找到的「強項」來打倒阻擋在面前的敵人,並制訂作戰策略後進行挑戰。

再來就是實際打敗雜魚角色或大魔王等敵人,不斷往目的地衝刺!

教學三

五項守則

好了,「天職探索遊戲」即將開始。

遊戲期間一定要遵守下列五項守則,這樣遊戲才會非常好玩喔。

1 按照順序從第一天開始完成每日任務!

2 寫每日任務之前默念「強項=在達成目標的過程中,對自己有利的特徵」!

3 不用多加思索,大量寫下每日任務!

4 每破關一天,就給自己獎勵!

5 不要想得太難,享受其中就對了!

這是一款遊戲,所以開心比任何事都重要。

尤其是在寫下每日任務時,需要注意以下重點。大腦不要先評判「這應該可以成為強項」、「這個應該不需要」,而是抱持著輕鬆的心情「總之就是盡量寫→之後再來想應用方式!」不斷動手就對了。

可以寫出越多細微特徵當然也就越容易找出更多「強項」。

之後也不要忘記只要完成每一天的每日任務，就給自己一個小獎勵，可以是吃美食，也可以是聽或看喜歡的音樂或影片，任何事都可以。

請給比昨天更往前邁進一步的自己大大的鼓勵。

那麼「天職探索遊戲」要開始了！

這是什麼遊戲啊，感覺很好玩嘛？！

老姊，難得看到妳這麼興奮呢！
不過我懂，這搞不好是第一次有人這麼有邏輯地告訴我們「強項」是這麼一回事，畢竟學校裡只教過「如何自我分析」嘛。

確實是。雖然我進入社會已經五年了，但還是大感佩服呢。

「發掘強項」只是簡單的「列舉特徵」，然後只要好好善用找到的特徵就好了，是這樣對吧。

是啊，而且**「不是只有特別的人才有強項」**這個想法非常新穎。例子裡的那個「曾經在燒肉店打工過」，在某些情況下竟然也可以成為「強項」……既然如此感覺我也可以找到耶？

對啊老姊，妳大學時曾經在燒肉店打過工嘛。

沒錯沒錯，多虧那時候每天都有排班，我莫名地記住了肉的部位……等等，這也可以說成是「肉的部位的

知識」吧？難道說這也能夠成為「強項」嗎？

確實，畢竟「特徵」會因為應用的對象及環境而成為「強項」……那比如說，也可以給予「想要在家享受美味燒肉的人」一些建議囉？

哇～太棒啦！還有推薦「減肥中不想變胖但又想吃燒肉的人」哪種肉比較好，好像也很有趣。我現在做公司的行政職馬馬虎虎沒什麼表現，但如果週末去超市肉品課打工的話感覺馬上就可以大顯身手。

老姊，這個遊戲全部破關之後，我們應該真的可以找出一些東西吧？我越來越興奮了，趕快開始玩吧！

──兩人手上拿著空白的「天職地圖」，踏著雀躍的輕快步伐走進遊戲的世界。

CONTENTS

DAY 1
決定遊戲的結局
（理想的未來）

DAY 2
選擇關卡
（想做的事）

DAY 3
了解基本裝備
（資質方面的強項）

DAY 4
掌握咒術
（後天的強項）

DAY 5
製作道具清單
（資源方面的強項）

DAY 6
設定終點、里程碑、主線任務，
製作「天職地圖」

DAY 7
寫下強項、敵人、支線任務，完成「天職地圖」

DAY 1

決定遊戲的結局
（理想的未來）

奇怪？我們都要參加「天職探索遊戲」了，為什麼妳一臉悶悶不樂？

我突然想起來，昨天加班時，部長半開玩笑地跟我說「妳真沒有行動力」，我默默地吃了一驚……我的確是對換工作有興趣，但卻一直沒有行動。

喂！妳就像剛學到的，把「沒有行動力」這個特徵轉換成強項看看啊！

對、對喔。我想，反過來說可以說是「小心謹慎派」吧……但我也會想說要是更積極一點在換工作上就好了～

這樣啊……

我這個人本質上就是容易厭煩，做什麼都不長久。公司推薦而開始讀的證照考試也是，頭三天很認真，但最近一回家就開始追劇擺爛，好羨慕和我相反、動作迅速充滿行動力的人……

呵呵呵，「羨慕充滿行動力的人」？
誤會大到我都快笑出來了。

 哇？！嚇死我了⋯⋯妳還在啊。

 妳為什麼無法持續找新工作或是讀證照考試的書呢？
「為什麼沒有行動力？」可是有很明確的原因的。
只要知道原因，**就不會再覺得「我沒有行動力」了。**

 咦？是這樣嗎？行動力不是一種天生的才華嗎？

 呵呵，時間剛好。第一天是了解自己「真正的動力」的日子。啊，導覽人員來了，馬上就要開始了吧，那你們就好好玩吧。

 ⋯⋯跑掉了。而且踩人痛處的喜好還是沒變⋯⋯不過感覺有點線索了，太好了。快往前走吧！

決定遊戲的「結局」

結局是指你在遊戲破關後想獲得的「理想的未來」。當你得到適合的工作之後，想要成為「什麼狀態」？首先就從愉快的無限幻想開始吧。

MISSION

什麼是「天職」？

這麼問很突然，不過「天職」到底是什麼？

· 適合自己的工作？

· 可以投注熱情的工作？

· 錢多又輕鬆的工作？

或許每一項都是正確答案。

但是本遊戲中所談的「天職」定義為「實現『理想人生』的工作」。

這麼說吧……

「你為什麼要工作？」

如果有人現在這麼問你，你會怎麼回答？

當然會有很多人回答「為了賺錢生活」吧。不過「賺了錢之後，未來你想怎麼做？」這個問題每個人的答案就不同了。

例如有些人工作賺了錢之後，想用那筆錢讓家人幸福快樂。

或是有些人想在工作上做出成果，讓自己更有自信。

也有人想要透過團隊合作，遇見值得信賴的同伴或朋友。

也就是說，我們每天工作，只是種獲得「理想人生」、「我想要這樣度過人生」的方式之一對吧？

也因此，本書才將「天職」定義為「實現『理想人生』的工作」。

首先是決定「理想的未來」

那麼，接下來想要獲得「天職」的你，該做的首要任務就是釐清「自己想要透過工作獲得什麼樣的『理想人生』？」決定好從目前所在位置想要往什麼樣的「理想未來」前進。

「理想的未來」可以從以下公式求得。

拆解你心目中的「理想未來」後，可以看到是由你「想獲得的東西」和「想成為的樣貌」所組成。

換句話說，你心中應該會有「想要這個」的物質欲望和「想要變成這樣」的精神欲望。當然，有物質欲望強烈的人就會有相反的人，兩種欲望的平衡每個人都有個別差異，另外，即使是同一個人，有時候精神欲望比較強烈，有時候又剛好相反，個人不同的情況會產生不同的變化也是很自然的事。

無論如何，重要的是將現在的你所想的「想獲得的東西」和「想成為的樣貌」分別化成文字寫下來。

　　這也是設定「你想透過工作往哪裡前進？」也就是目的地的設定作業。

　　為什麼需要先決定「目的地＝理想未來」呢？
　　因為只要設定好自己真正想去的「魅力無窮的目的地」之後，就可以壓倒性地減少在人生中「迷路」的機會。

　　一生之中，我們花費在「工作」上的時間非常長，很多人就算改變工作方式或職場，也是以某種形式繼續在工作。
　　工作了數個月、數年之後，就在這時，突然迷失在「當初我究竟想要做什麼？」，或是「繼續從事這份工作我想得到什麼……？」每天生活在模糊與迷惘中，這樣子很浪費時間吧？

　　另一方面，心中明確知道「魅力無窮目的地」的人，則是類似這樣：

　　「我喜歡待在家裡，所以換工作時要選擇可以在家工作的職場，因此我現在就必須磨練自己的技能。」

　　「我的價值觀中很重視成長，我想要體驗與過去不同的經驗，所以要藉由創業來挑戰自我」。

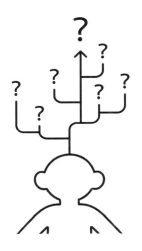
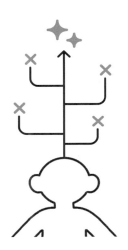

如果不知道目的地⋯⋯　　　　如果設定好目的地⋯⋯

「自己的判斷基準」非常清楚，所以能夠自己把握機會，毫不猶豫地不斷挑戰。

就業、升遷、調職、換工作、副業、創業⋯⋯我們總是在眾多的選項中煩惱，迷失在該怎麼做才好。

但是，如果這時候你的理想未來很清晰，決定「該怎麼做？」的速度就會極為快速。

而且一旦開始動作，就會持續無限湧出「為了獲得理想的未來，我要加油！」的動力，動作的速度本身也會越來越快。

天職是指可以實現「理想人生」的工作。

即使將來轉換職場或工作方式，只要持續做可以通往「理想未來」不改其志的工作，就可以說你已經找到了天職。

有些人可能會覺得「我要是知道『理想的未來』是什麼就不會那麼辛苦了！」

不過放寬心吧，只要完成之後的每日任務，你的理想未來一定會變得很明確。

為什麼「動機無法持續」？

　　即使有了「理想的未來」，卻意外地有很多人苦惱於自己「無法努力」、「缺乏行動力」、「動機不持久」、「無法堅持」、「容易厭倦」。

我想要增加收入，
但卻沒辦法努力取得升遷需要的證照……

我想要換工作，
但卻很難專注在找工作上……

我對副業有興趣，
卻覺得連假日都要工作很麻煩……

經常可以聽到這一類的煩惱。

但是，沒有人是「對所有事情都缺乏動機與行動力」的。

正確來說，無論是誰，都有「動機滿滿，能夠發揮行動力」的時候，以及「動機微弱，無法堅持」的時候對吧？

有些人「很喜歡工作、可以全力以赴，但卻完全提不起勁做家事」。

或者也有人是「非常熱中於喜愛的香氛知識，但卻對公司指定的證照考試痛苦到不行」。

不過這種「沒辦法起身行動」、「無法持續」的現象，事實上原因並不是「這個人缺乏行動力或動機」。

原因在於他不是前往「自己想要的目的地」，而是朝著「別人決定好的目的地」向前跑。

- 心不甘情不願地追著「公司決定的業績目標」
- 和同事聊天時聽到「存款不到一百萬日圓會很慘」，所以開始懵懵懂懂地存錢
- 身邊換過工作的朋友越來越多，所以焦急著「自己也該做點什麼」，而漫無目的地開始找工作

像這樣明明不是「打從心底想做的事」，卻受到旁人的意見影響而糊裡糊塗地去做。

當然，追求業績目標、存錢和換工作本身都不是什麼壞事。

只是如果當中**缺乏「自己打從心底想做這件事」的想法，大部分的人就會因為能量漸漸消耗完畢，速度越來越慢。**

打個比方，就像內心想著「好想休息」，身體卻在「全力衝刺」。

因為內心和身體做著不同的兩件事，什麼時候會發生異常而停止都不奇怪。

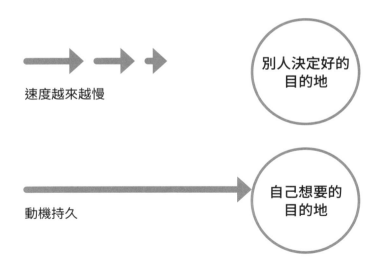

速度越來越慢　　　別人決定好的目的地

動機持久　　　自己想要的目的地

所以，想要讓自己的內心接受並往前衝刺，就必須先弄清楚「我想要獲得這個」、「我想要成為這個樣貌」，也就是「你真正想要的目的地＝只屬於你的理想未來」。

　　業績目標、存錢、換工作等等，即使採取同樣的行動，光是內心有了「我想做！」的想法，每天的動機可會有天壤之別。

　　這麼一來，行為的量與質自然會提升，更容易累積成果，也更容易有成就感。

正視自己的真實想法後，發現了「重要的價值觀」

　　我想要找穩定的工作，而這樣的工作需要「市場需求高的技能」，所以想說「去學以前有興趣的網頁設計！」而開始上課，最後我實現夢想，進入網頁設計公司工作。

　　但是，我看到磨練自己的技能，一個接一個自行創業的同事之後，漸漸開始過著焦躁不安的日子。「大家都找到下一個夢想自己獨立出去開業了，我繼續這樣待在公司做同樣的工作好嗎？」我開始對未來產生了迷惘。

　　這時候，透過每日任務釐清「理想未來」，我開始正視自己真正的想法，以往不曾想過的「自己重視的價值觀」也越來越明確。

　　對現在的我來說，和老公及三歲兒子共度的「家庭時光」比任何事都重要且幸福。我從小就喜歡畫畫，即使只當成興趣也沒關係，我想要持續畫下去。

　　另外相反地，我曾有過借錢的痛苦經驗，因此知道了自己絕對不想要再經歷「對金錢不安的生活」。

　　結果就是我清楚明白了，我的理想並不是「充滿企圖心地創業，放棄穩定收入的工作模式，以及埋頭於設計工作，失去和家人相處的時間」。

　　先前我一直和做一做就理所當然出去獨立開業的同事比較，心中感到一股莫名的焦慮，不過現在我理解了「每個人過往的生命經歷都不同，因此自然會有不同的價值觀」、「我們不需要有相同的未來目標」，內心瞬間變得很輕鬆。

　　她之所以能找到自己接受的「理想未來」，是因為她解開了「大家都這麼做」、「現實中非這麼做不可」，這種在無意識間限制自己的「固有想法」枷鎖。

　　此外，坦率地承認自己不是只有「我想成為這樣的人」這類正面的未來，也有「我已經不想再有同樣遭遇了」這種負面的真實想法也很重要。

　　在放下與他人比較，享受自由想像的同時，也允許自己心中浮現的負面想法，這樣就能發現從沒想過的「理想未來」。

自己的「理想未來」是什麼？

第一天的每日任務，說起來就是讓你了解從心底湧現的「動機泉源」。

因此**最重要的重點，就是別想太多，「享受幻想」**。

不需要去考慮「要是被別人看到的話……」，一定要誠實地寫下「你真實的想法」。

因為不用在意他人，所以遣詞用字也不用多加修飾。

「理想的未來」公式正如下列所示。

若想找到「想獲得的東西」和「想成為的樣貌」，首要之務就是了解現在持有的「價值觀」，因為現在的你，是按照過去的經歷所構築的「價值觀」在思考未來。

那麼我們就來完成每日任務，讓你現在的「價值觀」更清晰。

1-1

價值觀排名

1 請將下列九個關鍵字,按照「現在的你」認為的重要度排名。

POINT 這些關鍵字只是以大多數人比較關注的內容來舉例,如果有想到其他的關鍵字,可以任意增加沒關係。

金錢	想增加收入／不想為金錢煩惱
時間	想要有自己的時間／不想被時間束縛
人	想和喜歡的人共度／不想和討厭的人來往
地位	想成為被稱讚的那方／想獲得肯定／不想屈居他人之下
家庭	更重視家人的幸福、與家人共處的時光
興趣	想沉浸在興趣或喜愛的事物中
健康	想調整身心狀態／想追求美貌及年輕
自信	想更重視自己／想喜歡上自己
貢獻	想成為某個人的助力／想為這個世界做事

2 在❶排好順序的九個關鍵字中,請針對「前三名」的關
鍵字,以三～五行字描述為什麼會這樣排名?有什麼關
鍵回憶嗎?

POINT 寫下「自己從什麼時候開始重視這個關鍵字」印
象深刻的回憶和原因。(若覺得很困難可以不用寫
出完整段落,改以條列式也沒關係。任何一點想
法都把它寫下來。)

	價值觀排名	回憶
第一名		
第二名		
第三名		
第四名		
第五名		
第六名		
第七名		
第八名		
第九名		

回答範例

第一名：自信（想喜歡上自己）

學生時代起我的成績就很差，也不擅長運動，一直對自己很沒自信。努力讀書但高中入學考試和大學入學考試，以及找工作都不如意，結果失去信心。我想找出適合自己的工作，做出成果，讓自己更有「自信」。

第二名：健康（想調整身心狀態）

以前做業務的時候，因為工作量很大弄壞身體，當時非常辛苦。有了這個經驗以後，我認為一旦身心出狀況，不管做什麼工作，甚至休閒娛樂，都無法打從心底開心起來。所以之後的工作，我想要著重在以自己的步調，不要勉強自己，健康地工作。

第三名：時間（不想被時間束縛）

之前做協調不同部門、負責統整的工作時，常常受制於他人的行程，感到很有壓力。我學到了如果不能在某種程度按照自己的步調工作，就會因為焦慮而連連出錯，導致很沮喪；或是預訂外的加班變多，搞到身體變差，所以我想以能夠自由運用時間的工作方式為優先。

　類似這樣，動機或回憶不需要非得是正向的。

　即使是負向原因，只要能夠成為你「行動的動機泉源」，那就是非常棒的回答了。無論什麼內容都可以，總之就是誠實寫下你想到的東西。

　那麼，寫得如何了呢？

　這份每日任務還不是直接釐清你「想成為的樣貌」或「想獲得的東西」的作業。

　不過像這樣列出價值觀，看著「自己的選擇」，感覺怎麼樣？是否開始浮現出現在的你的價值觀了呢？像是自己「過著什麼樣的人生」，或是「往後想要走什麼樣的人生之路」等等。

　在寫每日任務時，如果有忽然想起的任何過往回憶，無論是什麼樣的事，都一定要寫在每日任務的附近，你一定可以從中看到自己重要的「真實想法」。

　好了，現在已經準備好要挖掘出從你心底湧現的「理想未來」。暖身操結束了！

　往下一項每日任務前進。

1-2

你想獲得什麼？

請按照下表的項目，任意寫下你「想獲得的理想生活」（就算只寫心有所感的項目也沒關係）。

居住區域	
自住的家	
飲食生活	
興趣	
家人	
人際來往	
寵物	
光看就會笑容滿面、喜愛的物品 （服裝、鞋子、包包、飾品、化妝品、雜貨、家具、遊戲等等任何東西）	
如何度過假日	
其他	

回答範例

居住區域	鎌倉
自住的家	可以看見海邊的透天厝
飲食生活	每週有一半從家庭菜園收成自己煮，另一半去好吃的餐廳
興趣	在海邊騎腳踏車
家人	老公／兩名女兒
人際來往	和朋友直美夫妻一家人來往
寵物	一隻狗
光看就會笑容滿面、喜愛的物品 （服裝、鞋子、包包、飾品、化妝品、雜貨、家具、遊戲等等任何東西）	每一季在喜歡的店裡買衣服、用整套嚮往已久的可愛品牌餐具在家喝下午茶、每個禮拜買一次喜歡的漫畫閱讀
如何度過假日	每兩週去一次美髮和護膚沙龍療癒身心、其他週就在海邊悠閒閱讀和騎腳踏車
其他	工作方面繼續保持價值為重的想法

1 - 3

你想變成什麼樣子？

請回答下列四個問題。

POINT 建議盡量回答全部的問題，不過真的有回答不出來的題目也不必勉強。重要的是就算只回答了其中任一題，也可以慢慢看出你的真實想法。

1 崇拜、尊敬的人

你崇拜或尊敬的人是誰？

你崇拜或尊敬那個人的什麼地方？

※ 如果尊敬的人不只一位，請分別寫下他們令你尊敬的地方，有任何「共通點」記得寫下來。

2 喜歡的角色

在看過的電影、漫畫、影劇、遊戲等作品中，有沒有你喜歡的角色？喜歡該角色的什麼地方？（外表、個性、喜歡的場景或台詞等）

※ 如果喜歡的角色不只一位，請分別寫下他們讓你喜愛的地方，有任何「共通點」記得寫下來。

3 過去

如果你有小孩，或者現在的你遇到孩提時代的你，你希望他成長為什麼樣的大人？

4 未來

將來有天，來到了人生的最後，你希望參加喪禮的親友形容「你是什麼樣的人」？

回答範例

1 崇拜、尊敬的人

- 媽媽→她總是笑臉迎人，光是和她聊天就能充滿精神。
- 網球社的田中學姊→她很照顧我，很有耐心地陪著遲遲無法進步的我練習。
- 鈴木主管→嚴肅的會議後他會來找我們聊天，講笑話，引導出下屬（我們）的動機。

※ 這三人雖然是不同類型，不過感覺共通點是「和他們談話就能打起精神」。我發現這也是我嚮往的重點。

----

2 喜歡的角色

海賊王的魯夫→無論遇到什麼危機，他都格外開朗，為同伴加油打氣。

- -

3 過去

我希望他成長為無論何時都帶著開朗笑容的人。希望他成為太陽一般的存在，帶給別人活力。

- -

4 未來

希望別人說我是「和她聊天就會充滿精神，像是能量景點・一樣的人」。

- -

好啦，感覺怎麼樣呢？

這份每日任務中，我們投影在他人、過去、未來等方面，尋找你「想要成為的樣貌」。

接下來終於是整理「理想未來」的每日任務了。

★ 編註：日文中指聚合特殊力量或氣場的場所。

1-4

「理想的未來」排名

將每日任務 1-2、1-3 的回答按照「想實現」的順序排名。

POINT
這是之前每日任務的統整,將出現在你「理想未來」中的「想獲得的東西」和「想成為的樣貌」【按照想要實現的優先順序排名】條列出來!可以寫一欄就滿足了,也可以寫好幾名都沒關係。

「理想的未來」排名	
第一名	
第二名	
第三名	
第四名	
第五名	

「理想的未來」排名	
第一名	想成為光是聊聊天就讓對方打起精神的人
第二名	想在可以看見大海的透天厝生活
第三名	想生兩個孩子
第四名	想要過著每個月可以悠哉去美膚沙龍的生活
第五名	想成為能夠提升他人動機的帥氣主管

再說一次，每日任務不需要每一欄都寫得滿滿的。

就算只是一句話、一個詞，只要能以文字表達就夠了。

還有，「想獲得的東西」和「想成為的樣貌」不需要兩者都很明確。

無論是什麼樣的答案，那就是現在的你所描繪真正的「理想未來」。

那麼，我們已經設定好你的「最終目的地」，就是當這份「理想未來」全部都實現的時候。

明天開始就要朝著這個最終目的地，畫下地圖，蒐集具體

的武器和道具，擬定前往終點的作戰計畫了。

　　在每日任務 1-4 中載明的「理想未來」排名，無論從哪一項開始實行都沒關係，不過我們就按照順位，先從「理想未來第一名」的地圖開始畫起吧。

　　事不宜遲，現在就將「理想未來第一名」填進第十四頁地圖的左上角。

聽我說，我也找到自己的「理想未來」了！

老姊，妳很嗨呢（笑）。不過我懂，很多事我也越來越清楚了！妳的「理想未來」長怎樣？

我發現我的答案是「想要成為透過談話讓他人打起精神的存在」。雖然很意外，不過我似乎很喜歡和別人聊天時，對方感到開心的那瞬間。我尊敬的人也都是這類型的人！

喔喔，這樣啊。妳的確是從以前開始，就會在晚餐時和媽媽他們快樂地聊天。

我都忘了這件事，不過似乎真的是這樣。這樣一想，就好像知道為什麼現在行政的工作會有鬱悶的感覺了，一定是因為我內心沒有朝著「理想未來」前進的感受……

畢竟妳的工作是一整天坐在桌前面對電腦嘛，沒什麼時間「透過談話讓他人打起精神」。原來是這樣啊！

光是知道這一點心情就暢快很多。那你怎麼樣？

我其實對「想成為的樣貌」沒什麼想法。不過有很多「想獲得的東西」（笑）。

哦！像是什麼？讓我看看！

我想過著自由自在到國外旅行的生活，像世界遺產，或是遼闊的大自然等，我想要親眼見識更多。我似乎對沒見過的有趣事物有很強烈想要去看的念頭，相反地，我對房子這類持有物沒什麼興趣。

喔！原來你是這麼想的，我完全不知道。不過很好呢，我覺得很棒。

做每日任務的時候，我有一種久違的興奮感！想要努力追求目前「想獲得的東西」，同時期待以後慢慢找出自己「想成為的樣貌」。

是呀，光是這樣就有足夠的動機了，很好呢。啊～沒想到知道自己「理想的未來」會是這麼快樂的事！

第一天破關

- 「天職」是指「實現『理想人生』的工作」
- 理想的未來＝想獲得的東西＋想成為的樣貌
- 設定好自己想前往的目的地之後，動機就會持續
- 從自我價值觀排名，可以看出「想獲得的東西」和「想成為的樣貌」
- 從「想獲得的東西」和「想成為的樣貌」可以明白「理想的未來」

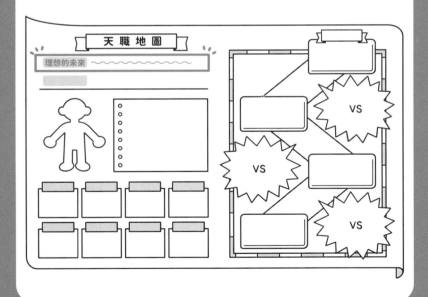

DAY 2

選擇關卡
（想做的事）

從昨天的每日任務中好像開始可以看見「理想的未來」了……不過具體而言該怎麼做？

咦？我哪知道啊。你不是想過在國外飛來飛去的生活嗎？那就去國外啊？

別說得那麼輕鬆！最現實的問題，我哪有那麼多錢，總之不先找工作，我連資金都賺不到那就慘了。不過就算我想找工作，也不知道「想做什麼」，該怎麼辦才好……

是呀，我也是，雖然想成為「透過談話讓他人打起精神的存在」，但現實就是我還在做行政職……即使想換工作，也不知道找哪一類的工作好，再說我找得到和行政職完全不同類型的工作嗎？

就算知道「理想的未來」，但有一種「這樣是要花幾年才能實現理想啊！」的感覺……

真的是這樣。每次看社群網站，發現朋友都轉職了，或是開始自己想做的事，就會有點沮喪，為什麼他們可以看起來那麼閃閃發光。

這我懂～雖然討厭現在的狀態，可是**找不到自己打從心底想要投入的「想做的事」**，總覺得很焦躁……

 呵呵呵，你們兩個很順利地在煩惱呢。

 哇？！不、不要老是突然出現嚇人好不好！

 什麼順利地煩惱，這樣說太過分了吧～我們可是很認真在煩惱的。

 哎呀，對不起啦，不過別擔心。
接下來會透過每日任務來找出怎麼樣得到「理想未來」的具體方法，而這會成為你們「想做的事」。

 什麼？！那妳早點說嘛！老姊，我們快點前進，去找出「想做的事」吧！

 咦？等等，不要丟下我一個人！

選擇遊戲的「關卡」

關卡是指前往理想結局途中要挑戰的「想做的事」。關卡數量不拘，可以設置簡單的關卡快樂遊玩，也可以設置難度較高的關卡奮鬥。就在你選擇的關卡中自在地開始遊戲吧。

MISSION

不要把「想做的事」看得太嚴肅

近幾年,年紀輕輕就拓展職涯經歷、換工作或做副業越來越理所當然,職涯選項越來越廣,想要找出「自己真正想做的事!」這麼想的人也隨之增加。

參加這個遊戲的你或許也是其中之一。

不過,**一旦開始認真想找出「想做的事」,才發現實際上很難找到……**我想這種人應該滿多的。

這是因為很多人對「想做的事」的定義懵懵懂懂。

例如一般對「想做的事」印象如下:

· 自己喜歡,可以長時間持續的事
· 可以讓社會認定為優秀的事
· 自己熱中且能賺錢的事

很多是這類型的事。

看著這些事,就會忍不住覺得「想做的事」門檻很高。對抱有這類印象的人來說,如果不是很了不起的內容,他們就會

難以啟齒說「這就是我想做的事」。

　　可是這樣一來，要找出「想做的事」門檻實在太高了，光是努力在「尋找想做的事」，實在太浪費人生中寶貴的青壯年期了。

　　原本想把人生花費在「想做的事情」上，結果卻花了更多時間在「尋找想做的事情」，這樣是本末倒置了。

　　所以，往後**不要再將「想做的事」看得太嚴肅**。

　　這麼做應該就可以浮現出好幾個「想做的事」，拉長人生中「沉浸在想做的事裡的時光」。

「想做的事」只是一種手段

本書中定義的「想做的事」如下。

也就是說，遊戲第一天我們已經釐清了自己的「理想未來」，而可以實現該「理想未來」的事＝你「想做的事」。

當然「能不能賺錢」、「能不能持續一輩子」、「社會上看來是否有價值」都不是「想做的事」的必要條件。

只要能夠通往你理想的未來，不論那是什麼樣的事，都是你真真正正「想做的事」。

從這個角度來看，很神奇地就能浮現好幾個具體的「想做的事」。

假設我們在第一天的每日任務中發現自己理想的未來第一名是「生活在有寬敞庭院的家」。若想實現這個願望，我們就會

思考「該怎麼擠出費用購買帶庭院的家」。

那麼，具體來說有哪些手段呢？這麼一想會發現……

- 節流增加存款
- 升遷提升年薪
- 換工作提升年薪
- 靠副業增加額外收入
- 運用資產增加財產

等等，有很多方法。

不論選擇哪一個方法，感覺都能更接近實現你「理想的未來」。

也就是說，這些全部都可以說是你「想做的事」。

節流、升遷、轉職、副業、運用資產……如果不管挑戰哪一個，都能穩健地接近「理想的未來」，覺得怎麼樣呢？光是想著「要從哪個開始做呢？」就很興奮吧。

我們依樣思考其他案例。

例如理想的未來是「成為隨時都充滿自信的人」。

- 轉職到每天都能接觸喜愛的時尚的職場

- 找與擅長的英語有關的工作
- 升遷到可以指導後輩工作的職位
- 刻意調職到感覺可以克服不擅長領域的業務部

類似這樣，還可以想到其他的「手段」。這些全部都是你「想做的事」清單。

不管挑戰其中的哪一項，都可以通往你理想的未來，因此選擇你喜歡的，自在地一步一步挑戰吧。

為了在最後抵達理想的結局，從各式各樣的遊戲關卡中，選擇自己喜歡的關卡開始玩，大概是這樣的感覺。

一關一關慢慢破，最後所有關卡都結束時，就抵達了理想的結局。

→全部都是「想做的事」

　　怎麼樣，對「想做的事」這句話的印象，開始從「很難找」
漸漸轉變成「似乎找得到」了吧？

　　因為很重要我再重複一次。

　　為了避免往後又陷入「尋找想做的事」泥沼中而浪費時間，
一定要牢記這句話。

從「理想的未來」 反推「想做的事」

那麼，具體而言該怎麼找出「想做的事」呢？

答案是「反推回去」思考。從「理想的未來」回溯，決定現在「想做的事」。

具體來說，按照下列四個步驟思考。

①決定「理想的未來」與其「實現時期」的具體時間

②搜尋在①的實現時期之前「必須準備好的東西」（不準備就無法達成理想未來的最低限度事物）並寫下來

③為了備齊②，決定現在工作的「必要變化」

④選擇可以實行③的變化的「行動」←這就是「想做的事」！

舉例來說，思考順序如下。

①理想的未來：五年後讓女兒到美國留學

↓

②五年內必須準備好的東西：留學費用兩百萬日圓

↓

③現在的工作該做的「變化」：每個月增加三‧三萬日圓的收入

↓

④可以實行變化的「行動」（從下列七個選項中選擇）：

・「在目前的職場中提升好評」→ x（月薪不會增加）

・「在目前的職場中升遷、升格」→△（無法增加到三萬日圓）

・「在目前的職場中調職到其他部門」→ x（月薪不會增加）

・「轉職」→○（月薪有可能增加一～三萬日圓）

・「副業」→○（月薪有可能增加一～三萬日圓）

・「創業」→△（家庭支出的關係無法馬上辭掉正職）

・「其他」：透過公司內部表揚取得獎金→△（一次只有五萬日圓不夠）

在這個例子中，七個選項裡「轉職」或「副業」上畫了○，所以先將其中一項設定成「想做的事」似乎不錯。

當然除了這七項之外還有其他的選擇。

若是為了「增加收入」而採取的行動，還有「投資」這個方法，或是相反的「節流」以「增加存款」也是一種方式。

另外，「行動」不是只能選擇一項，「在努力升遷的同時做副業」、「投資的同時換工作」，可以像這樣透過好幾個動作來實現「理想的未來」。

不管怎麼做，這樣從「理想的未來」反推整理之後，自然就會浮現出通往理想未來的「想做的事」了。

「尋找想做的事」時的三項鐵則

在進入尋找「想做的事」的每日任務之前，這裡要提醒三項鐵則。

鐵則① 「想做的事」無論大小都 OK ！

鐵則② 中途改變「想做的事」也 OK ！

鐵則③ 不管有幾樣「想做的事」都 OK ！

有些鐵則可能超出各位對「想做的事」的印象了。

不過光是知道這些鐵則，就可以明白自己為什麼將「尋找想做的事」門檻訂得很高的原因，可以在原先焦躁不安的情緒煙消雲散的狀態下，順暢地書寫之後的每日任務。

那麼，現在開始一項一項詳細解說。

鐵則① 「想做的事」 無論大小都 OK ！

剛才已經稍微提過，一般人容易將「想做的事」＝天職或使命，當成一生的志業看待。

這個印象感覺有些沉重吧。

若是太受到這樣的印象束縛，陷入「除非找到自己的天職，否則不願做任何行動」的話，當然目前的人生不會有任何改變，只有時間在消逝，這樣實在太可惜了。

所以 **「想做的事」無論大小都 OK**，不要想得太嚴肅。

不管是多些微的事，只要讓你覺得似乎可以更靠近「理想的未來」一步，那一定就是你「想做的事」。**即使不能向他人誇耀也沒有關係。**

→每一樣都很重要

例如「想住在北歐風的家」，為了這個理想的未來，不是只有「轉職到薪水更好的公司」這件「想做的事」大目標值得重視，在「百元商店買北歐風雜貨」、「做一日打工」之類小小的「想做的事」也要試著同樣重視。

不論每一件事有多微小，只要不斷累積「通往理想未來的事」，就不可能比現在更偏離「理想的未來」，而是更接近實現「理想的未來」。

這麼一想，迷惘於「該不該行動」的時間就會大幅減少。

不要想太多大事可以、小事不行，只要是感覺「好像可以讓自己的未來更好！」的事，都不斷地去挑戰吧。

鐵則② 中途改變「想做的事」也 OK ！

中途改變「想做的事」也沒關係。應該說，保持「改變是很正常的事」的心態會比較好。

為什麼這麼說呢，是因為**目前的你所描繪的「理想未來」本身經常就會因為某些契機而改變。**

證據就是有多少人還持續著小學畢業作文中所寫的「將來的夢想」呢？應該幾乎所有的人夢想都已經改變，或者是根本不記得了吧。

這麼一想就會覺得很理所當然了吧。隨著我們的經驗值以及能力增加，或是周圍環境以及時代改變，價值觀也會漸漸改變。

如此一來，原先描繪的「想變成這樣」的理想未來也會跟著改變。這樣的話，可以說「想做的事」產生改變也是非常自然的過程。

世界上總是有將不斷改變「想做的事」視為負面印象的人。像是經常可以聽到「旁人會不會覺得這樣沒有定性？」或

是「在確定『想投入一輩子去做的事』之前就行動，會不會是浪費時間？」

可是仔細一想，比起「被旁人認為是個有定性的人」或是「不浪費任何一分一秒」，「實現理想的未來」重要得太多了。

同樣地，比起「在找到想要花一輩子去做的事之前什麼都不做」，不論結果如何，「去嘗試各式各樣的可能」都能學到東西，更能朝著「實現理想的未來」往前一步。

鐵則③ 不管有幾樣 「想做的事」都 OK ！

最後，「想做的事」不論有幾樣都沒關係。

應該說，「想做的事」只能有一樣，這樣的想法會讓自己開始思考「這真的是我想做的那唯一一件事嗎？」，反而讓「尋找想做的事」變得更加困難。

就像先前提過的，

因此，「手段」是越多越好。

仔細一想就會知道將手段局限在只能有一個是多麼可怕，會變成「如果這唯一的手段沒用的話，就無法實現理想的未來了」。

擁有五花八門的興趣，「這個也做那個也做」，結果每一樣都三分鐘熱度半途而廢，有的人極端害怕這樣的情況，但其實這不過是「如何安排優先順序」的問題。

「先徹底嘗試這樣，結束之後接著嘗試那樣」，只要像這樣優先順序很明確，就不會出現「每一個都半途而廢」的情況了。

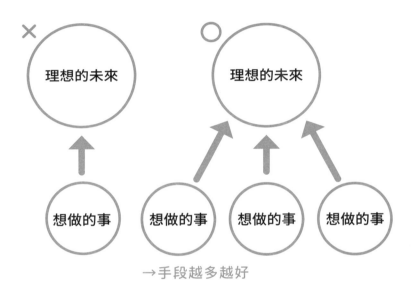

→手段越多越好

在這之後的每日任務中，寫下多個通往「理想未來」的「手段」，並確實安排好優先順序，然後選擇現在「想做的事」。

假使成果不如預期，就換到下一個「想做的事」。

總之，「想做的事」只能有一個，這種根深柢固的觀念會讓你綁手綁腳，一定要趁這個機會解開束縛。

「怎麼樣都想不出來」時的秘技

先前已反覆強調，「想做的事」是實現「理想未來」的手段。然後也說過「想做的事」不管有幾樣都沒關係。

可是，就算知道要「找出很多『想做的事』」，有時候還是會苦惱於「根本想不出那麼多個選項啊……」

例如「理想的未來」是「全家人每年都到夏威夷旅行」，有的人會想「為了存下夏威夷旅行的費用，必須增加年收入！」然後再思考「想做的事」，接著導出「只有創業了！衝啊！」……有不少人都是像這樣的思考模式，打從一開始就局限在一個選項之中。

這的確是一個正確答案沒錯。
不過若是這時候，能夠「對自己想到的選項產生疑問」的話，選項就會更多元。

例如前段的案例。
「想要存下夏威夷旅行的費用，除了增加年收入沒有其他選擇了嗎？」

「想增加年收入，除了創業沒有其他辦法了嗎？」
像這樣思考提問。

這麼一來，或許就會出現「換工作到有夏威夷分公司的企業，或是有提供到夏威夷進修的企業好像也是一種選項？」、「結交住在夏威夷的朋友，如果旅行時可以借住他們家，就能夠省下一筆住宿費了吧？」等等其他的選項。

同樣地，「增加年收入」也不是只有創業一途，還有換工作、副業、在現職中異動或升遷等各式各樣的選擇。

重點在於不要受限於那些選項「現實層面是否可行」，先有彈性地列出多個選項，然後選擇自己「最想實行的一個」。
從多個選項中選擇，才有高機率遇到更適合自己的「想做的事」。
另外，因為是仔細琢磨考量後的結果，就能減少在努力做「想做的事」時，突然產生「這樣做真的對嗎？」、「是不是有更好的方法啊？」等是否還有其他選項的疑問。

那麼，接下來介紹三個可以讓想法更有彈性的小遊戲，之後在解每日任務時實際試試看，會想到更多的選項喔。

① 競速遊戲

準備紙筆，設定好計時器的時間，例如「一分鐘」，規則是「在設定的時間內不停筆持續地寫」，利用這個小遊戲來解每日任務。

時間設定很隨意，因此習慣之後可以增加到「三分鐘」、「五分鐘」都 OK。

強制不斷動手會更容易思考，因此可以比平常想出更多的答案。

② 計數遊戲

這個遊戲的規則是訂定每日任務的答案「一定要寫五個」，來絞盡腦汁強制想出答案。

數量設定很隨意，因此一開始可以先設「三個」，習慣之後再變成「七個」等等，能夠自由增減。

建議決定好數量之後畫出等量的方框，然後將答案填入框中。這麼做很自然地會產生「想將方框填滿！」的渴望，能夠活化思考，浮現出更多的答案。

③ 換腦遊戲

一個人再怎麼想都想不出來了！

這時候「問問他人的想法」，也就是借用他人的腦袋也是一個方法。

「對於這樣的『理想未來』，我想到的是這些答案，你有沒有什麼想法？」向第三者提問，有時候會出現自己從沒想過的意外回答。
尤其是「其他部門的人」或「其他公司的人」，如果有這些與自己不同屬性的人就更讚了！請積極地詢問他人的意見。

以上都是一些小技巧，不過若能比一般思考方式多想出一個答案就算賺到了。就當作是玩遊戲，好好樂在其中吧。

解開固有想法之後，就找到「想做的事」了！

　　我很喜歡時尚，即使薪水微薄，也總是省吃儉用享受在買衣服的樂趣中。我心中默默描繪的理想未來是「不看價格，每一季都能買喜愛服裝的生活」。

　　不過有一年，我們公司業績衰退，獎金被全部砍光光，讓我不得不含淚忍痛放棄買最愛的衣服。之後幾乎凍漲的薪水讓我鬱悶不快，明明在網路上看到可愛的衣服，卻只能盯著錢包，每天都在哀嘆：「好想買這個但只能忍了……」

　　我心想「想增加薪水只剩換工作一途了」，於是開始找工作，可是我不住在都市，職缺本來就很少了，一直找不到「我想應徵」的工作，只是不斷蒐尋人力網站就過了三個月。不能購買喜愛服裝的現況沒有任何改變，我開始覺得越來越煩躁。

　　這時候，我決定用心做每日任務，好好思考實現「理想未來」的方法，結果發現我之前一直太拘泥於「想要增加年收入讓自己滿足地購買喜愛的衣服就只有換工作這個辦法」的想法之中了。
　　在我有彈性地思考過「增加年薪的手段」之後，出現了「挑戰副業，開創另一個收入來源」的選項。我從來沒做過副業，這個從未有過的念頭讓我很驚訝，不過我開始認為「通往理想未來

的道路不只有一條」，能夠這麼想是個很大的轉機。

　　從那之後我在網路上搜尋了有興趣的副業，找到與時尚相關的工作，就決定試著挑戰。在明確決定好邁向理想未來路上的「想做的事」以後，我每天都熱中於工作，真的很開心。

- -

　　她之所以能夠挑戰「想做的事」，是因為想法有了彈性，可以思考通往「理想的未來」不是只有單一手段，而是有很多方式。

　　為了做到這點，先不要管「過去有沒有做過」，而是以持平的角度思考實現理想的未來有哪些方法可用，然後寫下數個方案。從本案例中可知這麼做的重要性。

2 - 1

「想做的事」要具體明確

1 從第一天的遊戲中找出的「理想未來」第一名是什麼？想在哪個時間點之前實現？

2 想要實現❶的「理想未來」，需要作出哪些變化？請從下列選項中選擇。

※ 如果答案不只一個，可以圈選好幾個。

A	改變「工作內容（業界、職種、業務內容）」
B	改變「職位、擔任的角色」
C	增加「薪資、收入」
D	改變「工作方式（地點、工時、時段、休假日）」
E	改善「人際關係」或作個大更新

3 關於從❷中圈選出來的「變化」，如果配合下表中「七個行動」的哪一個行動，就有望實現？請在符合的欄位內填入○△ X。（○為優先度高，△為優先度中，X 為優先度低）

	七個行動						
	提升評價	升遷、升格	異動	轉職	副業	創業	其他
A. 工作內容							
B. 職位、擔任的角色							
C. 薪水、收入							
D. 工作方式							
E. 人際關係							

4 在❸的表格中哪一項「行動」有最多○？將該行動設定為你現在「想做的事＝遊戲關卡」！

※ 如果有數個候補選項，請自行排列優先順序，選擇喜歡的那一個設定為「想做的事」。

1 從第一天的遊戲中找出的「理想未來」第一名是什麼?想在哪個時間點之前實現?

- 理想的未來:成為不輕易動搖、值得信賴的女性
- 時間點:想在三年後的三十歲之前實現

----

2 想要實現**1**的「理想未來」,需要作出哪些變化?請從下列選項中選擇。

A:改變「工作內容(業界、職種、業務內容)」→到教育體系的部門或公司好像不錯

B:改變「職位、擔任的角色」→擔任訓練方面的職位好像不錯

----

3 關於從**2**中圈選出來的「變化」,如果配合下表中「七個行動」的哪一個行動,就有望實現?請在符合的欄位內填入○△ X。

(○為優先度高,△為優先度中,X為優先度低)

	七個行動						
	提升評價	升遷、升格	異動	轉職	副業	創業	其他
A. 工作內容	△	○	○	○	○	X	X
B. 職位、擔任的角色	○	○	△	△	△	X	X
C. 薪水、收入							
D. 工作方式							
E. 人際關係							

4 在❸的表格中哪一項「行動」有最多○？

將該行動設定為你現在的「想做的事＝遊戲關卡」！

最多○的行動：是升遷、升格，因此我要到「升遷、升格」關卡繼續進行遊戲。

現在，你「想做的事」終於決定好了。

即使目前沒有信心可以百分之百順利，但只要你判斷「已經有通往『理想未來』的可能性了」，那就十分值得去嘗試看看。

畢竟這是你在這個時間點所能夠想到有很高機率通往「理想未來」的道路，即使最終失敗了，也可以學到「原來這條路沒辦法通往理想未來」。

那麼，請將「想做的事」填入十四頁地圖左上角數來第二項裡。

今天解任務也辛苦了！不要忘記給努力解任務的自己獎勵喔。

明天起終於要開始透過各種每日任務，找出「你的強項」，來提高你「想做的事」的成功率。

老姊，這個遊戲太棒了！

你又嗨起來了呢……那麼，你從每日任務中明白了什麼？找到「想做的事」了嗎？

對，我為了實現「在國外飛來飛去的生活」，決定繼續在「就業」這一關奮戰，只是……以前一頭霧水的「選擇公司的標準」我現在很清楚了！

呵呵，標準是什麼？

首先是想要學好語言以及國外相關資訊，所以「工作內容」的必要條件是和海外有關的業界。而且我希望三年內實現到國外生活，因此「收入」方面也必須是能給出一定數字的公司。總之對我來說，就是從這兩個面向來找工作就對了！

不過海外相關的公司，年薪又要高，這種工作的門檻很高吧？

如果期望的公司沒有應徵上，我發現其實還可以選擇進入只滿足「工作內容」的公司，「收入」方面就靠副業來補足！

只要清楚明白理想的未來及其必要條件，在「行動」

上就有好幾種手段可以選擇！

就是這樣！怎麼說呢，感覺本來模糊不清的視野一下子開闊了起來。

確實是如此，我也是，為了「成為透過談話讓他人打起精神的存在」這個理想未來，我只能改變「工作內容」了，所以必須「轉職」！我本來是這麼想的……不過這樣思考後，「副業」也可以呢。
還有如果改變「職位」，提升到職場中統合各人的位置，和他人談話的機會也會增加……搞不好為了「升遷」努力也不錯。

沒想到會從妳口中聽到「升遷」這個詞，很驚人呢（笑）。

你是把我想得多沒鬥志啊？！不過說真的，這或許是我進公司之後，第一次對目前的工作這麼有動力。怎麼辦，我越來越期待了！

我懂，沒想到這麼簡單的方法就可以找出想做的事。像現在這樣從「理想的未來」反推回去，就能清楚明白「想做的事」是什麼，感覺接下來每一天都會很開心！

第二天破關

- 「想做的事」指的是「實現『理想未來』的手段」
- 從訂定好期限的「理想未來」往回推算,就可以找出「想做的事」
- 「想做的事」無論大小都 OK!不需要是多了不起的內容
- 中途改變「想做的事」也 OK!應該說中途改變才是正常的
- 不管有幾樣「想做的事」都 OK!多一點反而更好

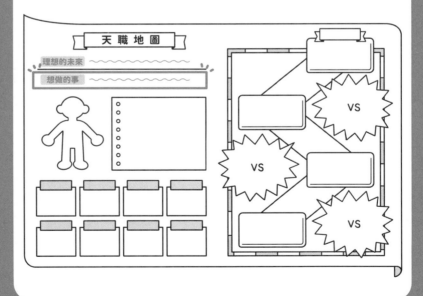

DAY 3

了解基本裝備
（資質方面的強項）

怎麼了，又一臉悶悶不樂的。昨天不是還很開心嗎？

 過了一晚之後突然開始不安了起來。決定好「理想的未來」，也浮現很多「想做的事」，當下的確非常興奮……

 很興奮但又不安？

 嗯，我們談到了「轉職」、「副業」、「升遷」之類的，但**等等！只有行政經驗的我真的做得到嗎？**

 妳這麼一說我也一樣，我沒有自信能夠賺到足夠的資金，讓自己幾年後到國外生活……

 沒錯，沒辦法對自己有自信。因為**活到這個歲數，從來也沒有成就什麼豐功偉業過。**

 我懂，與其特地挑戰困難然後失敗，不如**不過不失地生活還比較輕鬆。**讓自己特地「努力一番」，門檻有點高呢。

 呵呵呵，你們兩個，今天也很煩惱呢。

 哇！又突然出現在剛剛好的時間。妳到底都從哪裡

冒出來的？

呵呵，我一直都在喔。你們因為**太用力在「必須加油」、「必須挑戰」上，所以才會覺得害怕。**

但我們又沒有轉過職或做過副業，當然會害怕。

哎呀，看妳的樣子，是還不知道**「不用花太多力氣就能輕鬆過關的秘訣」**呢。

還有這種秘訣啊？

呵呵，當然有啦。

不用花太多力氣就能輕鬆過關？！我想知道這個秘訣！

其實答案就在你們身上，只要知道「自己的強項」，萬事就能迎刃而解。

但我不知道我的「強項」……

玩了今天的遊戲就會知道囉。那麼好好享受吧！

DAY 3

了解主要玩家的「基本裝備」

基本裝備指的是你一開始就擁有的「先天特徵」，也就是可以稱為「個人特色」的部分。首先理解「你」這個人生中主要玩家所擁有的魅力，然後再繼續進行遊戲。

MISSION

該怎麼做才能以最短路線通往天職？

先前已多次提過，本書中所定義的「天職」，是指能夠實現「理想人生」的工作。

透過第一天和第二天的每日任務，我們找出了：

‧目前的你所描繪的「理想未來」是什麼樣子
‧要實現理想未來該選擇什麼樣的職涯比較好

你大概想到了幾個「候補天職」。找到意料之外的答案後，很多人應該是興奮地開始著手準備迎接往後的理想人生。

然而同時，似乎也有這樣的心聲。

> 我確實是有「如果可以成真就好了」
> 這樣的理想未來，
> 可是一想到「我做得到嗎？」、「我不想經歷失敗」，就實在沒辦法踏出第一步……

> 我以前曾向理想的未來踏出一步，
> 經歷過轉職及副業，可是一直沒能做出想要
> 的成果，受到很大的挫折。

最後我只感覺到「只有一部分優秀的人
可以如願以償過想要的人生」，
所以連描繪理想人生這件事我都放棄了。

　　類似這樣，好不容易描繪好「理想的人生」，卻因為對於從目前所在地前往「理想未來」的行動有所躊躇，或中止了行動，最後結果會如何呢？

　　不難想像，結果不僅沒辦法獲得「天職」，還沒辦法靠近「理想的未來」，留下無限遺憾。

　　所以第三天的今天，要說明如何去除「阻礙行動的壁障」，讓你勇往直前向天職邁進。

如何讓自己成爲能朝著理想未來起身行動的人？

以結論來說，**可以提升自己的行動力，持續前進的秘訣就在於了解並活用「自己的強項」。**

了解「自己的強項」，並明白熟練使用的方法，「無法起身行動、無法持之以恆」的煩惱就會消失得一乾二淨。

為什麼了解「自己的強項」以後，就能夠起身行動了呢？箇中原因可以分為①無法起身行動的原因，以及②行動無法持之以恆的原因，我們來看看詳細說明。

●● ① 「無法起身行動」＝萬一失敗怎麼辦

在想要做出「與過去完全不同的行為」時，什麼樣的時刻會讓我們感到恐懼？答案是當我們想像「失敗」的那一瞬間。

例如：

・以前曾有過類似狀況，但卻沒有獲得預期成果的經驗
・自己的能力未達標準，沒能獲得正面評價的經驗
・看過他人失敗的經驗

擁有這些經驗的人，會記住這樣的痛楚，並且能夠鮮明地

想像這些情景，所以恐懼才會不斷漲大，最後就是大腦會自行得出**「可能會再次遭遇這樣的痛苦！太危險了放棄這個行為吧！」**的結論。

這就是「理性上明白道理卻無法起身行動的人」腦中所發生的事。

也就是說，

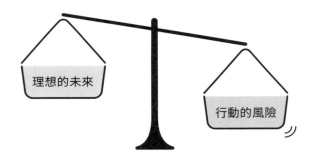

是呈現這樣的狀態。

這樣的話，解決方式很簡單。

也就是在自己的腦內創造「讓自己覺得這次一定會成功的根據」，而這個方式的答案就在於了解「強項」。

如同在教學中說明過的，強項是指「在達成目標的過程中，對自己有利的特徵」。

換句話說，只要在自己身上明確找到達成「理想未來」過程中可以使用的特徵（強項），就會產生「有根據的自信」。

以前曾找過新的工作，但卻沒應徵上第一志願的企業，不過那時候是因為對方將我的特徵「小心謹慎」當作是「弱點」的關係。（過去的失敗）

▼

下次接受面試時，只要將這點轉換成「工作上總是仔細確認因此很少出現失誤，具有任何事都能交派給我的安心感」這樣的「強項」，應該就可以得到一些正面評價。（通往理想未來的強項）

像這樣，不要只是聚焦在「弱點」，而是將眼光放在「強項」上，自然視線就會從「過去的失敗」轉移到「未來的成功」。或者也可以做出以下的思考方式。

想要將喜愛的插畫當作副業，但有更多人技巧比我好，繪畫能力比我強，也許副業不會順利成功。（風險）

▼

但是相反地，我可以運用「繪畫速度快」這一點，成為「當日交稿的插畫家」，或是活用「喜歡國外影劇」這一點宣傳「我可以畫出國外影劇風格的插畫」，或許意外地有市場。（通往理想未來的強項）

諸如此類，只要知道自己擁有「通往理想未來的強項」，腦

內的天秤就會漸漸這樣改變。

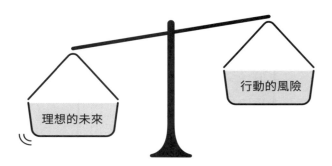

行動的風險

理想的未來

　只要變成這樣後就是我們贏了,「無法起身行動」的煩惱就會消失。

　當然從「過去的失敗」中學習,以及想好可能的「風險」並做出迴避本身,是非常棒的事。
　不過如果只看到失敗或風險這些「負向層面」的話,就會成為裹足不前的原因。
　「害怕失敗而無法起身行動」的人,具有太過聚焦在不擅長的事或失敗經驗等「自我弱點」的傾向。

　因此在這裡要不斷重複,沒有辦法朝向「理想未來」起身行動的人,該做的事就是看見「正向」的一面。
　也就是說,不要只注意自己的特徵成為「弱點」的時刻,而是要有意識地將眼光放在當成「強項」運用時的場合。

●● ② 「行動無法持之以恆」＝獎勵不足

在抵達「理想的未來」之前，當然需要持續往那個方向前進的「行動」。

・為了得到想要的東西，就要存到目標金額
・為了成為想成為的人，就要訓練自己不擅長的領域
・為了想要實現的生活，就要成功轉職得到理想的工作方式

諸如此類，不管哪一項都需要「持之以恆的行動」。

但有一些人是「雖然起身行動了，卻一直無法持之以恆」。

從結論來說，了解「自己的強項」在「持之以恆的行動」中也握有很大的關鍵，因為只有在發揮「自己強項」的時候，才是能夠自然產生「想要持續行動的主因」。

說到底，除了身處強制性的環境之外，我們會在什麼時候出於自己的意志持續「行動」呢？

① 實際感受到成果或成長等「變化」的時候
② 盡到一己之力，或得到感謝時等等感受到「貢獻」
　 的時候
③ 獲得金錢方面的報酬、 受到表彰或獎勵等擁有
　 「報酬」的時候

也就是符合上述任一或多項的時刻。

這樣的話，如果在行動時能夠不斷帶給自己「變化」、「貢獻」和「報酬」，那麼在抵達「理想的未來」之前就能持續行動。

請想像一下，如果你在從事目前的工作時：
· 實際感受到今天的自己比昨天更有成長
· 每天都有人對你說「謝謝」
· 能夠得到足夠的報酬

那麼，你會辭去這份工作嗎？
⋯⋯我想大概所有人都會出於自己的意志選擇「繼續」吧。

這樣的話，在做某個行動的時候，有什麼具體的方式可以滿足「①變化」、「②貢獻」、「③報酬」呢？

這個答案，也正是發揮「自己的強項」。
因為活用「自己的特徵」轉化為「強項」之後：

①即使是從事同樣的事情，也能夠更快拿出成果
　（變化）
②可以產生相異於他人的自我獨特價值，對方會很
　開心（貢獻）

③不但產出成果，他人也很開心，因此可以獲得感
　謝及好評，連帶收入也會增加（報酬）

　　會帶來這樣的結果，這麼一來每天都會開心得不得了
對吧？

　　簡單來說，將「自己的強項」好好化為文字，活用通往理
想未來的「想做的事」，開心地持續行動，不久後就能獲得「理
想人生」。

　　可以說你的「強項」就是引導人生往好的方向前進的魔法
道具。

　　所以在第三天、第四天、第五天好好完成能夠發掘你的「強
項」的每日任務。

　　將這三天內找到的各種強項列為一覽表，我們會在最後一
天第七天的每日任務中一一配對「該怎麼應用找到的強項」，敬
請期待！

「強項」可分爲三種

　　接下來終於要開始說明找出「強項」的具體方式。為了更簡單易懂、更容易發掘，本書將「強項」分為下列三大類。

- **資質方面的強項**←今天在這裡
- **後天的強項**←第四天會發掘
- **資源方面的強項**←第五天會發掘

　　只要明白這三大類強項各自扮演的角色以及發掘方式，接近你「理想未來」的可能性就會大幅提升。

　　因為此後即使是乍看之下困難重重的挑戰，你也可以熟練地活用自己的特徵，可以按照場合分別使用，可以無限增加強項。

　　今天先從最上方的「資質方面的強項」開始找起。

什麼是「資質方面的強項」？

　　「資質方面的強項」是指生來就擁有的特徵，具體來說可以分為以下兩種。

　　資質方面的強項
　　①**外表**（長相、體型、頭髮、體質、聲音、說話方式的特徵等等）
　　②**個性**（情緒、思考方式、動作的習慣或特徵）

　　請將這些「資質方面的強項」當作是基本上先天（一出生～幼兒期）就擁有的特徵。

　　比方說：
　　．雙眼皮
　　．身高●●公分、體重●●公斤
　　．聲音低沉，給人沉穩的印象

　　等等視覺或聽覺上的「外表」特徵，或者是：

　　．情緒方面偏向能夠敏銳感受「悲傷」或「不安」

．具強烈競爭心，會很自然地意識到勝敗或排名
．比起動身體更擅長動腦思考

等等屬於思考或行為習慣的「個性」特徵。

這些「資質方面的特徵」如果可以作為武器，會是非常強大且穩定的強項，因為天生的因子非常強大，**即使不特別意識或努力，也可以自然形成。**

．**「身高較矮、圓臉」看起來比較年輕**
→容易獲得前輩偏愛，也能帶給後輩親切感，容易
　受到仰慕
→爭取「容易親近的中間管理職職位」

．**「感性豐沛容易流淚的個性」可以共感他人的煩惱**
→擔任顧問或教練等「陪伴他人的職業」

．**「容易感到憤怒或懊悔」，因此可以發揮爆發性的**
　行動力
→刻意投身「與他人競爭的環境」，或是列出「懊
　悔清單」，這樣更容易保持行動的動機
→轉職到業務職或成果報酬型的職場

　　類似這樣在應用「無意識之下也會自己發動的資質方面的特徵」時，就算沒有特別感覺到自己在努力也能夠創造成果。

　　所以只要有意識地作出可以應用自己資質的選擇，**即使是相同的行動量，成果也會天差地遠**。

　　只不過這是天生擁有的特徵，所以自己很容易陷在「這些特徵不是很普通嗎？」的狀態中，有時候很難發現其實自己「擁有這些」。

　　如果想了解外表的特徵，可以藉助「骨骼診斷」或是「個人色彩診斷*」等專業人士之手；而如果想了解個性，做幾個知名的「個性診斷測驗」也是有效的方式之一。

　　不過本書中，是透過不同角度的每日任務來正面了解自己，讓每個人都可以找到「資質方面的強項」。

★ 編註：Personal Color 是指專業的色彩診斷，從膚色、原生髮色、瞳孔顏色等測試出最適合的色系。

找出「外表」、「個性」特徵的技巧

在尋找「外表」、「個性」的過程中，有個需要注意的陷阱。那就是很多人容易對自己的外表及個性感到自卑。

但是，**這份自卑其實也是可能成為強項的「特徵」。**因為，這很有可能是與別人不一樣的「自己獨有的特徵」。

只是，「和他比起來我比較矮」、「和大家比起來我好像太急躁了」等等，在意識到「與他人的差異」時，往往會覺得很自卑。

因此有些人會不想察覺、不想承認，而無意識地蓋上蓋子，如此一來，就越來越難找出你本身「外表」及「個性」上的特徵了。

對於這類型的人有效的做法是故意寫出那些自卑之處，然後轉換成相反的意思。

自卑之處	轉換後
在意他人的眼光／膽小	可以敏銳察覺他人表情變化的個性
共感能力低落／無法配合他人的話題	不會流於感性，理性思考能力強的個性
思考能力低落／不擅長用自己的頭腦思考	比起思考更適合動身體實際體驗的個性／行動迅速的個性

像這樣，覺得「對自己的外表或個性沒有自信，所以不想要詢問他人或完成每日任務」的人，可以刻意關注在「自卑之處」，利用與平常不同的視角，來掌握自己的特徵。

包括自卑之處在內，你的顯著特徵，**在他人看來甚至會覺得是優點**。所以，在每日任務時，讓你感到自卑的特徵也誠實地寫下吧。

那麼，延續截至目前的內容，接下來準備了各種形式的每日任務，每個人都能夠發掘多項「資質方面的強項」。

也許有的人會覺得沮喪，不過自卑之處是可以轉換的，不用害怕，你擁有非常多的強項。

經驗談

仔細看著自卑之處後，發現了自己的強項

「寫不出每日任務……」這原本是我永遠的煩惱。

我對自己的外表和個性沒有自信，另外還有一樣自卑是「自己在學業或工作上，不曾完成過什麼大事」。

因此以往作過好幾種自我分析，卻都沒有發現想像中的強項……一旦要回想「過去的成功體驗」，就會突然腦袋一片空白，最後當場愣住。

不過有一次，我鐵了心改變視角，決定回顧「過往痛苦的時期」、「不順心的事」等自己的負面回憶，覺得「這類的回憶我可以想出很多」，於是肩上的重擔輕鬆了不少。

結果我發現了有趣的事。我察覺到挑出來的幾個過往負面回憶，雖然年代和環境都不一樣，但全部都是相同的情況。

例如我想起校園生活中我一點也不喜歡的活動，或是為公司的人際關係感到煩惱的時期，只要是出現「多人合力做一件事」、「重視速度沒有時間好好思考、一直不斷推進度」、「需要擔任領頭羊帶領眾人」這類的條件，我的身體就一定會不舒服。

從這些事我明白到，我其實比較擅長「一個人集中精神做事」，或是「仔細查詢思考過後再進行」；另外，不要擔任率領眾

人的領導者角色，而是擔綱「支援他人的輔佐角色」，會讓我比較自在，更能全力以赴。

換句話說，寫下「沒有做出成果的時期」，反向思考當時的主因，「自我特徵」就會自然浮出水面。既然強項和弱點是一體兩面，那麼從「弱點」下手了解自己，感覺很適合推薦給像我一樣沒有自信的人。

非常棒的想法轉換！

如果你也和她一樣覺得「沒有強項」、「沒有成功經驗」，那麼就回想「自己的特徵成為弱點的時期」，或是「沒有成功的經驗」，思考與當時情境完全相反的話會怎麼樣？也許裡面會有意想不到的提示喔。

找出外表的強項

請回答下列問題。

※ 如果難以回答，請就感到自卑的部分回答，然後思考「該怎麼轉換成正向特徵」。

1 你的外表（長相、體型、頭髮、體質、聲音、說話方式等等）有什麼樣的特徵？別人經常對你有什麼印象？

2 你的外表有哪些自己喜歡的地方？或是曾經有人稱讚過你哪些地方？另外，這些地方對於你「想做的事」有可能加分嗎？

3 對於身上的服飾配件，你會列出什麼樣的「自我標準或堅持」？這些標準與堅持可能會帶給他人什麼樣的印象？

回答範例

① 你的外表（長相、體型、頭髮、體質、聲音、說話方式等等）有什麼樣的特徵？別人經常對你有什麼印象？

→我是圓臉，且身高一五〇公分，別人的第一印象常常是比實際年齡還要年輕。

----

② 你的外表有哪些自己喜歡的地方？或是曾經有人稱讚過你哪些地方？另外，這些地方對於你「想做的事」有可能加分嗎？

①我的眼睛很大又是雙眼皮，常被稱讚很可愛。

→感覺在工作上可以讓後輩認為容易親近，很好交談。

②我講話語速較慢，聲音低沉，實際談話後，常常給人比外表更沉穩的印象。

→和外表間的落差容易讓人記住，在待客或商務往來時也許比較容易獲得客戶信賴。

----

③ 對於身上的服飾配件，你會列出什麼樣的「自我標準或堅持」？這些標準與堅持可能會帶給他人什麼樣的印象？

①我的身高較矮，所以經常選擇看起來比較成熟俐落的直線條衣服或洋裝。

→即使長相給人較稚嫩的印象，我覺得也可以利用服裝補足，展現出與年齡相符的氣質。

②比起流行性強的設計，我會選擇簡單的品項。

→給人整齊清潔的印象、懂得配合時間、地點、場合穿著的印象。

3 - 2

利用充實度圖表分析個性

1 從過去的課業或工作中，挑出二～五個你覺得「有做出
自己期望的成果或覺得充實」的時期，將你的人生畫成
折線圖。

※ 如果覺得很難回答，就寫下你認為「沒有做出成果、過得不順
利」的時期。

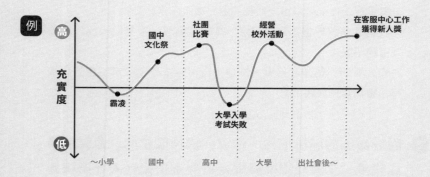

2 對於❶讓你覺得「有做出自己期望的成果或覺得充實」的時期就是你有充分發揮強項的時候。從下表的 AB 兩個選項中，圈選你認為最符合在每一段時期中，你所作出的選擇。

※ 若覺得 A 或 B 都不太符合，可以自由寫下其他的選項。

POINT 不知該選哪個選項時，盡量選擇「電光石火的瞬間無意識中做的事」，而不是「有意識地思考、行動後做的事」。

問題	選項 A	選項 B
在努力的過程中，你容易關注於哪一方面？	關注於正向那面（好的一面）	關注於負向那面（不好的一面）
蒐集情報時你的天線對哪項有反應？	對新事物很敏銳，想法有彈性	覺得歷史悠久的東西有價值、承襲傳統或舊時流傳下來的東西
該作決定時你會怎麼作決定？	靠直覺或靈光一閃決定	靠數據及理論決定
著手做事時你屬於哪一種類型？	以思考優先（調查、比較檢討、重視計畫）	以行動優先（做了再說、重視速度、從教訓中學習）
做事時你的速度偏向？	短期集中精神一口氣做完	長期持續一點一滴慢慢做
人際交往時的風格是？	少人數、一個人做事	多人數、呼朋引伴一起做
哪一項會成為動機來源？	對受到他人矚目、獲得好評、帶領他人感到開心	對於讓別人開心、貢獻己力、支援他人感到開心
努力的過程中你重視的是？	享受成果與競爭的勝利	享受過程及成長

3 從❷的回顧中，你認為想要在接下來「想做的事」中拿出成果的話，發揮哪幾項「個性」應該不錯？在你認為格外重要的選項畫上記號。

回答範例

問題	選項 A	選項 B
在努力的過程中，你容易關注於哪一方面？	關注於正向那面（好的一面）	關注於負向那面（不好的一面）
蒐集情報時你的天線對哪項有反應？	對新事物很敏銳、想法有彈性	覺得歷史悠久的東西有價值、承襲傳統或舊時流傳下來的東西
該作決定時你會怎麼作決定？	靠直覺或靈光一閃決定	靠數據及理論決定
著手做事時你屬於哪一種類型？	以思考優先（調查、比較檢討、重視計畫）	以行動優先（做了再說、重視速度、從教訓中學習）
做事時你的速度偏向？	短期集中精神一口氣做完	長期持續一點一滴慢慢做
人際交往時的風格是？	少人數、一個人做事	多人數、呼朋引伴一起做
哪一項會成為動機來源？	對受到他人矚目、獲得好評、帶領他人感到開心	對於讓別人開心、貢獻己力、支援他人感到開心
努力的過程中你重視的是？	享受成果與競爭的勝利	享受過程及成長

3 - 3

「資質方面的強項」總整理

現在來彙整你「資質方面的強項」，做為前面每日任務的總整理。

1 將 3-1 中回答的「外表」特徵填入圖片中。

2 從 3-2 的回答中，填寫八項你的「個性」特徵。

※ 在接下來要破關的關卡中，只要備齊了這八項條件，你做出期望成果的機率就會相當大。但是為了預防無法發揮出所有條件的情況，如果這八項條件中有你特別想要發揮的重要元素，就圈起來強調。

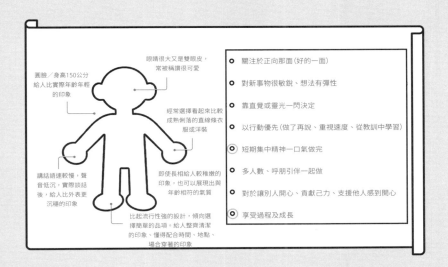

好啦，這樣就知道「你」這個遊戲主要玩家的基本裝備了。

另外，該如何具體應用今天發掘到的強項，會在第七天的每日任務中解說。在發掘強項的階段時，不用煩惱「這個該怎麼運用」，好好享受挖掘出各種強項的樂趣就好。

從明天開始的每日任務，會持續發掘出你這個主要玩家的強項，敬請期待不斷提升等級的自己。

唷，老姊！今天的遊戲怎麼樣？

哎呀，真的是醍醐灌頂。這個遊戲為什麼每次都能
輕鬆解決我的煩惱呢。

妳的「基本裝備」怎麼樣？

我以前一直自卑於自己「優柔寡斷」……但今天的任
務讓我發現這其實是「我會考慮到對方的心情，以
對方優先的想法很強烈」。

啊～原來是這樣。確實從以前開始我就覺得妳人很
好了，不管是對家人還是我，妳常常會問「怎麼了？
遇到困難了嗎？」關心我們。

什麼？你真的這麼想嗎？謝謝。
我一直在和身邊「看起來很厲害的人」比較，所以
很沒有自信，覺得做事果斷的人或是能夠以自己心
情為優先的人很厲害。

沒這回事。不過其實我也一樣。

你發現什麼了嗎？

我原本以為我這個人沒辦法持續做同一件事，但回顧以後發現我是集中力高，「短期一口氣做完」的類型。

這倒是，你從以前就學得很快，讓我很羨慕。

真的嗎？我都不知道妳是這樣看我的。

不過就算有很多自卑之處，沒想到只要改變視角以「這也算是自己的優點」的想法看待，或是思考活用的方式，內心就會感到如此輕鬆。

確實是會有一種「我沒有被上天捨棄」的感覺。

只是不明就裡地想著「必須換工作或做副業」，就會覺得「行政職的我能做什麼？」但其實不是這樣的，我只要去找能夠運用我「為他人著想的個性」的工作或副業就好了。
好好理解「強項」，透過每日任務一點一滴從不同的角度看待自己，感覺就會喜歡上自己，覺得自己其實也有優點。

對了，老姊，雖然這麼說很不好意思，不過我受到妳很多幫助，我很感謝妳喔！明天也要好好玩！

第三天破關

- 了解「自己的強項」之後行動力就會提升，可以持續行動

- 強項又分為「資質方面的強項」、「後天的強項」、「資源方面的強項」

- 「資質方面的強項」是天生下來就擁有的特徵，指「① 外表、②個性」

- 即使在無意識中也會發動的「資質方面的強項」可以成為強大的力量

- 在自卑的表面下，隱藏著與他人不同的「強項」

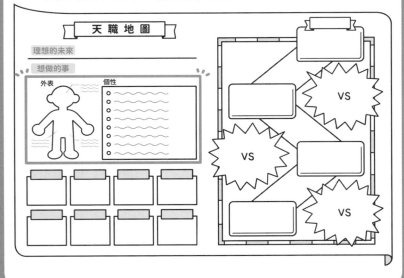

DAY 4

掌握咒術
（後天的強項）

已經可以看到理想的未來和想做的事，也似乎知道了自己的個性及該如何運用，不過現實問題是，「轉職」或「副業」該怎麼做才好？

 妳竟然問還是大學生的我？（笑）不過這確實是過去沒做過的事，會很煩惱該如何具體實行呢。

 對啊，尤其是「轉職」或「副業」，面試時該怎麼展現自己？就像昨天的自我分析任務中了解到「我的個性從以前就重視他人的感受更甚於自己」雖然很好，但感覺太抽象了……

 啊～妳這麼一說，我接下來也是滿檔的就業面試期，生死就掌握在該展現自己的哪些優點上呢。

 你們好呀。呵呵呵，一大早就在聊面試，看來你們的煩惱有進步了呢。

 啊，多謝妳，我現在的想法變得很正向積極了！

 呵呵，那真是太好了。也是呢，向他人「詳細傳達自己的價值」，的確是工作上不可或缺的能力，不論是要面試，或在職場上，或是要做副業或創業。

不過我的個性雖然可以自然而然為他人著想，但從以前就很**不擅長「展現自己的優勢」**……

 呵呵呵，別擔心。該說什麼，該怎麼表達才能讓他人信賴「自己這個人」，**其實妳早就有答案了**，我想玩完今天的遊戲妳就會知道了。

 這款遊戲還真是能夠搔到癢處呢？！好想快點知道答案喔。

 呵呵呵，你們真的跟以前的我很像呢。提示，會確實地提到「之前學到的能力」。

 如果是我之前學到的能力……硬要說的話，也只有行政技能了吧……？

 我的話……慘了，好像什麼都沒有（汗）。

 沒這回事。只要完成接下來的每日任務……哎呀，導覽人員來接你們了，今天也開心地去玩遊戲吧！

掌握主要玩家的「咒術」

「咒術」是指你過往累積的經驗、學到的知識或技能、創造的實績,這些是讓你能夠往「理想未來」大幅向前邁進的可靠存在。多發掘一些,並且將它們列出來吧。

什麼是「後天的強項」？

現在複習第三天的內容。本書中所說的強項分為三大類，大家還記得是哪些嗎？

· **資質方面的強項**（外表、個性）
· **後天的強項**←今天在這裡
· **資源方面的強項**←第五天會發掘

就是以上三項。

在今天第四天，我們會找出「後天的強項」。「後天的強項」是指你在至今為止的人生中，透過行動、學習、訓練等方式後天裝配的特徵。

具體而言分為以下四類。

後天的強項
①**經驗**（實際看過、聽過、做過的事）
②**知識**（了解並能向他人說明的事）
③**技能**（自己做得到，也可以為他人做的事）
④**實績**（可以客觀證明經驗、知識、技能的事實）

「後天的強項」是你在接近「理想未來」的過程中具有相當效果的特徵。

因為擁有「經驗」，你可以學到各種事物，在朝著未來前進的行動中能夠一口氣降低恐懼和門檻。

另外，有了「知識」和「技能」，就能避免失敗，更容易找到捷徑。有了「實績」以後，會更容易獲得旁人的信賴。

一般來說，聽到「強項」時，很多人會想到這四項「後天強項」中的「實績」。

例如：
・高學歷或高年薪
・擁有很難取得的證照
・曾有獲得頂尖百分比優異成績的經驗
之類的特徵。

的確有這些特徵之後：
・高學歷比較容易應徵到喜歡的公司
・某些職種有了特定資格或證照後就能夠獨立創業
・在學業或工作上曾有優秀成績會更容易引起他人的興趣
等等。

這些事實可以活用在各種場合，所以在前往「理想未來」

的道路上這些都會成為助力。

不過如果根據本書「強項＝在達成目標的過程中，對自己有利的特徵」的定義，在「實績」前面的「經驗」、「知識」和「技能」這些特徵也都足以成為「強項」。

例如：

- 業務學會了「業界知識」以後向顧客提案的範圍就會擴大
- 員工學到「與工作有關的技能」之後，主管交付的工作內容範圍會增加，離升遷更進一步
- 如果是需要即戰力，接受非應屆畢業生的工作，「具有業界經驗」就是個有利條件

等等，即使沒有「極佳的實績」，還是有很多場合可以活用「經驗」、「知識」和「技能」。

因此不要只聚焦在「實績」上，而是放寬視野，將「經驗」、「知識」、「技能」等，自己擁有哪些武器全部都文字化。

若用遊戲世界來譬喻，想像你除了「外表」、「個性」等基本戰鬥力之外，再加上配備「經驗」、「知識」、「技能」、「實績」等各式各樣的「咒術」，可以打倒的敵人就會越來越多。

「後天的強項」
可以無限增加！

更有趣的是，「經驗」、「知識」、「技能」、「實績」可以隨著你的意願無限增加！若以圖像表示會如下圖。

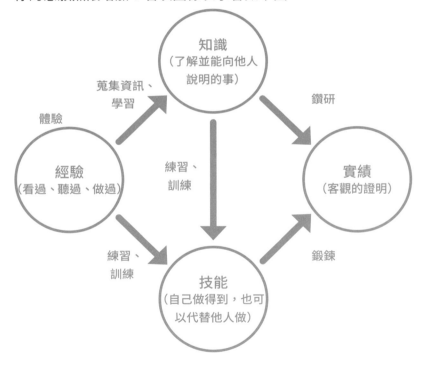

第一階段，是體驗了一件事之後，「經驗」清單就會增加，而經驗是日常生活中就能夠自然增加的東西。

【經驗的範例】

· 工作中擔任小專案的企劃

· 出於興趣開始上歌唱課

· 受朋友之邀到熱門觀光景點一遊

接下來是第二階段。

首先是以「經驗」為基礎，進一步蒐集資訊或學習之後，就會成長為「知識」。

【經驗→知識的範例】

· 為了專案閱讀「行銷」書籍，學習如何調查需求 或寫企劃的方式

· 在歌唱課中學到「控制音準的方法」

· 在旅行目的地查詢「該地方的歷史」

或者是以「經驗」或「知識」為基礎，反覆練習、訓練，然後成長為「技能」。

【經驗或知識→技能的範例】

· 以行銷知識為基礎，進行街頭研究或網路問卷作 需求調查，學會了「蒐集資訊的技能」或「分析 技能」

・學會控制音準並持續練習之後，唱歌比以前更不
　會走音了
・知道各個地方的雜學說給家人和朋友聽以後，對
　方開始委託規劃旅行行程或擔任導遊

　　之後的最終階段，深入追求或鑽研習得的「知識」或「技能」，並且加以鍛鍊，就會成為可以客觀證明的「實績」。

【知識或技能→實績的範例】
・學到的「行銷知識」、「蒐集資訊技能」和「分析
　技能」獲得目前職場的好評，晉升為最年輕的
　專案組長，年薪增加到一百萬日圓
・將練習之後歌越唱越好的過程錄成影片持續上傳
　到 YouTube，結果頻道訂閱人數突破了一萬人
・因為學會了規劃行程和導覽技能，轉換工作跑道
　到旅行業後，提供給顧客的行程讓對方很開心，
　榮獲分店顧客滿意度第一名

　　即使起先只是從微小的「經驗」開始，透過每一階段的精進，最後有一天就會成為了不起的「實績」。
　　像這樣，可以依照自己的意願隨心所欲增加，正是「後天的強項」可靠之處。

增加「後天強項」的順序

前面說「後天強項」可以隨意增加，但並不表示毫無頭緒地增加越多越好，因為**不經思考地增加「後天強項」，也不代表可以通往「理想的未來」**。

那麼，該怎麼思考才好呢？方法是從「理想的未來」反推，釐清「最應該增加的強項」的順序。

假設你的理想未來是「每個月都可以去喜愛的旅行」。為了賺取旅費，你想要活用過去從書本上學到並實踐的「斷捨離」「知識」和「經驗」，「從事斷捨離顧問當作副業」。

這種情況下，下一步該增加的強項是什麼？

既然想從事副業，那麼應該一開始先從學習如何將你擁有的知識「化為收益」。

如果這時候你想到的是「考取室內軟裝師的證照以提升自我價值」，或是「該先去學個會計學」的話，就會離「靠副業賺錢」這個未來越來越遠對吧？等到賺到錢之後再去學這些其實也不遲。

千萬不要忘記隨時將通往「理想未來」最短路徑的這個想法放在腦中，然後再以「必要的順序」增加「必要的強項」。

「冒險家」、「專家」、「超人」——你是哪一種類型?

　　微小的「經驗」也可以成長為「知識」和「技能」,有一天會成為了不起的「實績」,這在前面提過了,但不是所有人都需要精通某項知識技能來做出「實績」,因為不是只有「實績」的大小和多寡才有價值。

　　道理在於,熟練地活用「後天強項」的方法可以分為以下三大類。

① 冒險家類型

特徵　好奇心旺盛,擁有廣泛多元的興趣,會親身體驗的類型。「經驗」的數量壓倒性地多,其中不乏習得廣泛「知識」與「技能」的人。

活躍的關鍵　擅長以自身廣泛的見識和人脈,給予不局限於單一視角的多元建議,或是擔任整合、配對各領域專家的角色。

●● ②專家類型

特徵　具深度探究心與研究心，願意花時間追求一項事物的類型。數量雖然不多，但在特定領域擁有比旁人更優秀的「知識」與「技能」，其中不乏具有卓越「實績」的人。

活躍的關鍵　擅長以深奧的專業知識或高水準技能，給予特定領域中確實且突破核心的建議，或是擔任指導、培育、執筆等角色以傳承知識或技能。

●● ③超人類型

特徵　好奇心旺盛且具深度探究心，精通廣泛領域的多項事物，是非常人的類型。「經驗」、「知識」、「技能」、「實績」所有的數值都很高，像超人一樣的存在。受到眾人景仰，但人數非常稀少，因此私底下有傳聞說「這是珍稀到其實非實際存在的人

吧？」或是「必須活了三輩子才能達到這樣的程度吧？」

那麼，你看起來符合哪一類呢？（或許有和第三天的「個性」中連結的部分）

這裡該注意的是，不要馬上認定「哪一種類型比較好或比較不好」，如同各類型中的說明一樣，每一種類型都有其「可以發揮的場合和角色」，只是活用的方式不同，但每一種類型都存在相同的價值。

重要的是在實現你「理想未來」的過程中，依照自己的意志選擇「最適合的類型」是哪一種。
這樣你該採取什麼樣的行動就會變得很明確。

如果你的目標是「①冒險家類型」，那就從勤快地增加「經驗」開始。
另一方面，若是目標為「②專家類型」，那就列出優先順序，像在走樓梯一樣，一階一階，沉住氣先從精通一件事開始。

還有，在遊戲開始時，幾乎所有的人都可以歸類於「①冒險家類型」或是「②專家類型」其中之一。

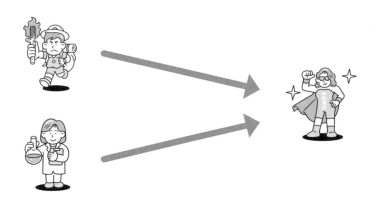

　　總之，必須先梳理現在的你擁有什麼樣的強項才能夠開始。

　　利用不同的每日任務，將你過去習得的「經驗」、「知識」、「技能」、「實績」視覺化。

　　在今天的任務中，主要會聚焦於檢視過去的「工作」及「學業」上，這是因為在尋找天職的過程中，深入挖掘工作或學業得到的結果最容易直接運用在工作上。

　　不過如果工作和學業上的成功經驗不多，或想不出來的人，可以將主題換成曾在興趣或個人生活中努力過的事。

　　無論如何，總之盤點你從以往的人生中獲得什麼樣的經驗、知識、技能、實績，才是今天的目的。

　　帶著回顧你人生這場戲的感覺，享受今天的任務吧！

「後天的強項」會帶來信賴！

前面已經提過，在各種類型的強項中，擁有「後天的強項」會讓他人更容易信賴自己，這是因為看到「經驗」、「知識」、「技能」、「實績」時，可以簡單明瞭地客觀判斷這個人之前花了多少時間在什麼事情上。

所以在「職場評鑑面談」、「面試」、「商務往來」這類「希望獲得對方信賴的場合」中，要清楚表達自己「後天的強項」。

表達時的訣竅，是同時提供「後天的強項」，以及「可茲佐證的小插曲和故事」這兩樣。

我可以提出國內肌膚保養化妝品的優點及改善之處。
（後天的強項：知識）

過去十年間，我每一季都會以自己的皮膚嘗試各式各樣的肌膚保養品。（後天的強項：經驗）
我自己從小就受到異位性皮膚炎困擾，正因為體會過無論什麼樣的化妝品都會讓皮膚惡化的難過心情，所以才能思考真正對肌膚友善的產品，或者什麼樣的產品會讓敏弱肌的人感到開心。（可茲佐證的小插曲）

各位覺得如何？

如同上述的例子，只要稍微下點工夫，就更容易瞬間贏得對方的信賴，一定要試試看。

活用「後天的強項」讓我成功 轉職到年薪增加的工作！

住在非都會區的我，在鄉下養育兩個孩子同時做著正職的工作，每天全職工作或加班結束回到家後，都忙於家事和孩子的教養。雖然為了家庭生計拚命工作，但內心其實想著「好想換到條件更好的職場」。

但同時我也想著「年紀將近四十，既平凡又沒有強項，所以已經很難換工作了吧」，對自己信心全無，因為我當時相信只有金字塔頂端的人擁有的實績才算是強項。

可是在我做了自己的工作年表，回顧過往的經驗之後，我發現了意想不到的事，那就是雖然超市和客服中心的工作分屬不同的業界和職種，但「我一直以來都從事站在第一線接觸客戶的工作」。

即使沒有營業績效或主管職這類清楚可見獲得好評的實績，但我開始轉換想法，覺得我有「應對客戶超過十五年的經驗」。而這樣的經驗也確實讓我學會了「問出客戶煩惱的能力」，以及「事先推想客戶可能會有的煩惱，並提出解決方案的能力」這類的技能。

發現這件事之後，我決定「不要放棄，再次嘗試換工作」，

然後也順利遇到似乎可以運用「客戶應對能力」的職缺。當然我在面試時也完美展現我應對客戶的經驗及技能。

結果，雖然我三十九歲又是兩個孩子的媽，卻也成功轉職到年薪增加的工作，而且還是一般人認為很困難的零經驗業界。除此之外，我在面試中展現的「客戶應對能力」在進入公司後獲得良好評價，甚至主管還告訴我「希望妳一直在這間公司工作」。不僅如此，我才剛進公司一個月，月薪就增加了兩萬日圓，讓我很驚訝。

從原本「自己沒有實績所以很難換工作」的放棄心態，一百八十度大轉變，成為做夢般的開心結局。

如同這個案例所說的，重要的事情在於即使覺得自己沒有「實績」，也要先仔細回顧並寫下一路累積的「經驗」，之後再來思考這些過往經驗該怎麼做才能轉為「強項」。她的轉機也正是來自於「盤點經驗」以及「尋找能夠轉換自己的特徵成為強項的職場」。

更進一步來說，她將從自我分析中找到的「經驗」與「技能」

活用在轉職過程及新工作的業務上，甚至獲得了後面的「實績」。「以三十九歲之齡成功轉職到零經驗的業界，並增加年收入」、「進公司一個月月薪就增加兩萬日圓」，這些會成為她新的「實績」，將來有一天，會出現能夠讓她作為「強項」發揮的場合吧。

4 - 1

工作年表

將過去曾做過的工作，填入下列表格中。

※ 計時工作、打工、派遣員工、正職員工或承攬的工作，不管是哪一種雇用型態，只要是經歷過的工作什麼都可以！

※ 如果是學生，請將經驗欄改成填寫「學校名稱、年數、課外活動（系學會、學生會、社團、志工等）、職位、主要的活動內容」。

		工作①	工作②	工作③	工作④	工作⑤
經驗	公司名稱					
	年數					
	業界					
	職務、職位					
	主要的工作內容					
知識／技能	此時期經常使用的工具、軟體					
	此時期學到特別有感的知識					
	此時期學到特別有感的技能					
實績	年薪					
	取得的證照、公司內外的實績、小成就					

回答範例

		工作①	工作②	工作③	工作④	工作⑤
經驗	公司名稱	XX 牙科診所	XX 公司	XX 公司		
	年數	2	5	3		
	業界	醫療業	食品製造商	IT		
	職務、職位	—	—	新進人員教育訓練		
	主要的工作內容	櫃台、行政	行政	業務行政		
知識／技能	此時期經常使用的工具、軟體	醫院專用的雲端軟體	Excel	Excel		
	此時期學到特別有感的知識	牙齒的健康、保健知識	Excel 的公式			
	此時期學到特別有感的技能		在 Excel 中建立試算表	・在 PowerPoint 中製作簡單易讀的簡報資料 ・在指導新進人員時不被討厭的表達方式		
實績	年薪	300 萬日圓	400 萬日圓	450 萬日圓		
	取得的證照、公司內外的實績、小成就	病患在評論頁面留言櫃台給人的印象很好	取得 Excel 的證照	進公司一年就被交付新進人員教育訓練的工作		

4 - 2

找出「後天強項」的十五道問題

請回答下列十五道問題。

如果答案重複，代表這是你的一大特徵，因此即使很多重複的答案也沒關係。

※ 不一定要回答完所有問題，選擇你有感覺的題目做下去就好！

經　驗

1 人生中付費體驗的事？

（參考額度：十萬日圓以上*）

2 人生中花費時間體驗的事？（參考時間：一個月以上）

3 一開始提不起勁，但做了之後卻覺得太好了的經驗？

4 覺得「對自己現在選擇工作，或對工作方式產生影響」，印象深刻的初次經驗？

★ 編註：約台幣兩萬三千元以上，考量到台灣與日本的消費差異，建議依自身情況作調整。

知 識

5 總是不經意在社群網站或網路上蒐集哪些資訊類型？

6 過去曾付費在座談會、教材、課程上學習什麼樣的內容？

7 在一次讀完或是不斷翻看的書中，讓你印象深刻的書的主題是什麼？

技 能

8 過去曾花一定時間練習後學會的事？

9 是否有原本很不擅長，但之後克服的經驗？從中學到了什麼技能？

10 是否有熱中，或持續學習什麼才藝？學到什麼東西讓你覺得很開心？

11 是否曾有看到工作中接觸的人（主管、同事、下屬、客戶等等）後覺得「如果這樣做就好了」，或是「我應該可以幫忙」的經驗？這或許是你比較擅長的領域。

實 績

12 曾在學業或工作中留下哪些自己可接受的「結果」？

13 過去曾獲他人好評，或受到表揚的事？

14 曾在一定時間內持之以恆，之後比周遭人更擅長的事？

15 如果有人要採訪你的人生，有什麼經驗是你一定要分享、讓你很自豪的？

回答範例

經 驗

1 人生中付費體驗的事？
（參考額度：十萬日圓以上，約台幣兩萬三千元以上）

- 美甲課程（十萬日圓，約台幣兩萬三千元）

- 送給媽媽的北海道旅行（二十萬日圓，約台幣四萬六千元）

----

2 人生中花費時間體驗的事？
（參考時間：一個月以上）

- 行政職（連續做了五年）

- 學習美甲（三個月）

----

3 一開始提不起勁，但做了之後卻覺得太好了的
經驗？

- 同事邀我去的桑拿

- 欣賞舞台劇

----

4 覺得「對自己現在選擇工作，或對工作方式產生影
響」，印象深刻的初次經驗？

- 從第一個主管身上學到「要經常意識到工作中位於自己前方的人」

- 高中時媽媽生病了，所以我選擇了不會太忙碌，可以常常陪在她

身邊的工作

知　識

5 總是不經意在社群網站或網路上蒐集哪些資訊
類型？

- 美甲設計

- 市區的時尚咖啡廳

- 斷捨離及室內軟裝設計

----

6 過去曾付費在座談會、教材、課程上學習什麼樣的
內容？

- 美甲

----

7 在一次讀完或是不斷翻看的書中，讓你印象深刻的
書的主題是什麼？

- 《被討厭的勇氣》（心理學，不否定自己的思考方式）

技 能

⑧ 過去曾花一定時間練習後學會的事？

- 料理。一個人住之後開始一週煮五天。

- Excel 電子試算表的使用方式

- 美甲的技術

----

⑨ 是否有原本很不擅長，但之後克服的經驗？從中學到了什麼技能？

- Excel。我是機器白痴，所以一開始一頭霧水，但現在會簡單的電子試算表了。

----

⑩ 是否有熱中，或持續學習什麼才藝？學到什麼東西讓你覺得很開心？

- 美甲。學了之後讓我可以做出各種不同的設計，覺得很開心。

- 香氛知識。我現在會隨著心情和身體狀況選擇適合的香味，提升了生活品質。送給朋友的禮物他們也很開心。

----

⑪ 是否曾有看到工作中接觸的人（主管、同事、下屬、客戶等等）後覺得「如果這樣做就好了」，或是「我應該可以幫忙」的經驗？這或許是你比較擅長的領域。

- 每次看到會議資料的排版很古老，就無法吸收內容，覺得加一些簡單的插畫或設計進去比較好，應該也能增加年輕人對工作的理解度或做事的動力。

實　績

⑫ 曾在學業或工作中留下哪些自己可接受的「結果」？

- 大學入學考試中考上第一志願 OO 大學
- 做行政職第二年時自學取得 Excel 證照

---

⑬ 過去曾獲他人好評，或受到表揚的事？

- 曾被說很遵守工作交期，值得信賴。
- 曾被誇獎資料易讀，整理得很好。
- 出於個人興趣在社群網站上貼了美甲造型，結果增加了一百名追蹤者，還有三十人以上按讚。

---

⑭ 曾在一定時間內持之以恆，之後比周遭人更擅長的事？

- 將聽到的事情圖表化
- 整理（已養成整理書桌及資料的習慣）

---

⑮ 如果有人要採訪你的人生，有什麼經驗是你一定要分享、讓你很自豪的？

- 即使一開始覺得很難的事，也要花點心思讓自己樂在其中持續下去。最後不但會變得很擅長，還會有人希望你教他。

4 - 3

「後天強項」總整理

最後，我們將主要玩家學會的「咒術」視覺化，作為先前任務的總整理。

1 以 4-1、4-2 中的回答為基礎，填入「經驗」、「知識」、「技能」、「實績」。

2 填入自己可能比較符合「冒險家類型」、「專家類型」或「超人類型」哪一項。

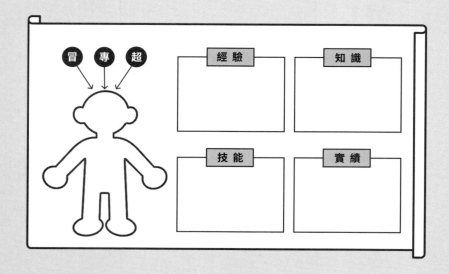

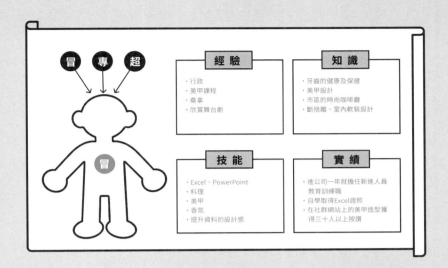

　　這樣就完成你的「後天強項」視覺化圖了。明天會再從其他的視角發掘主要玩家的「強項」。

　　那麼，今天也別忘了給認真解每日任務的自己獎勵喔，辛苦了！

欸欸，你是哪種類型？

我現在是「冒險家」類型吧。只要有人約我，我都滿積極去露臉的，我發現我比較偏「經驗」那方。妳呢？

你的確是滿有行動力的。我覺得我接下來的目標是成為「專家」類型的人。

哦？還真意外耶，為什麼？

我的理想未來是「想要成為透過談話讓他人打起精神的存在」，所以從現在起必須累積知識和技能，創造出實績，像是我想去學「談話技巧」的知識。

這樣啊，之前沒有學到嗎？

目前的行政職沒有機會有系統地學習，不過在今日任務中回顧時，我發現在學生時代的社團活動裡擔任過好幾次司儀，這算是留下了「經驗」吧。

喔～這樣喔，我都不知道。

是啊,不過因為之前不懂「經驗→知識、技能→實績」的理論,所以從來沒有從「經驗」深入發展,結果走到現在的窘境。

既然今天我察覺到了,我決定之後要努力學習如何活用這份「經驗」,轉化為「知識」。

這個想法很棒呀。我也是,看到好幾個朋友已經得到公司預定錄取,之前都會想「是因為他本來就很有才華吧」,不過這樣分成四大類之後,我理解到「他是努力鑽研這項學問並不斷練習得來的」。而且我也已經學到了,只要自己也鑽研這項學問,就能夠接近他,這讓我湧起了很大的希望。

的確是這樣,之前都很負面地想「反正我的市場價值就是這麼低」,但其實才不是這樣,未來不管是知識或是技能,只要自己願意都可以無限增加,現在我覺得還真是有趣。

沒錯沒錯,一想到之後會不斷增加強項,就很期待年齡增長。即使挑戰某件事失敗了,也會增加「經驗」,或是從失敗中學到「知識」,知道光是「挑戰」這件事本身就是「增加強項的行為」,恐懼就忽然消失了。很好,明天也要加油!

第四天破關

- 「後天的強項」是指後天學習到的特徵，分為「①經驗、②知識、③技能、④實績」
- 後天的強項可以透過體驗、學習、訓練、鑽研增加
- 後天的強項容易贏得「他人的信賴」
- 在面試或商務場合等需要向他人展現自己時，應該著重在「後天的強項」與「可茲佐證的小插曲」

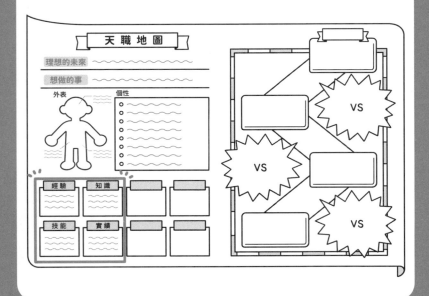

DAY 5

製作道具清單
（資源方面的強項）

呵呵呵，你們早呀。聽說你們想法都變得很正向了呢。

 哇，還真難得！竟然比我們還早到。
不過真的是這樣呢，對未來的不安慢慢消失了！

 呵呵，真令人高興。不過遊戲已經來到第五天了，你們不覺得累嗎？

 我和老姊都腎上腺素大爆發結果睡眠不足（笑）。

 哎呀，真是辛苦了呢。這時候……對了，這時候就該使用 「**支援道具**」。

 支援道具？那是什麼？

 那是可以讓你們一口氣躍向「理想未來」的「強項」。
呵呵，看你們的表情應該還沒找到吧？

 蛤？我們已經找到很多強項了，難道還有其他的嗎？！

呵呵呵，說得沒錯，今天也要繼續增加「強項」。
今天的遊戲說白了就是秘技。
可以瞬間大幅加速，讓你們更接近「理想的未來」。

之前的任務就已經很棒了，沒想到還有這麼厲害的
秘技……

因為它們的「存在」太理所當然了，所以大家都看
不到，但的確是有這樣的「強項」。

看不到的強項？！啊，可是……在遊戲裡說到「支援
道具」的話……這樣啊！我知道了！如果有「那個」
確實是可以加速！

喔喔喔，意思是我就快達成夢想中的國外生活了嗎？
老姊，趕快去入手那個「道具」吧！

等等啊，不要跑那麼快！你太心急了啦！

製作
道具清單

道具是指你在實現理想未來的過程中可以使用的「時間」、「金錢」、「物品」、「人脈」，這些都是你所擁有的貴重「資源」。雖然沒有這些東西不是不行，但有的話絕對是非常方便的支援道具。

MISSION

什麼是「資源方面的強項」？

今天終於要來發掘本書所說的三大類強項（資質方面的強項、後天的強項、資源方面的強項）中，最後的一類強項了。我們會一樣一樣找出「資源方面的強項」。

- **資質方面的強項**（外表、個性）
- **後天的強項**（經驗、知識、技能、實績）
- **資源方面的強項**←今天會發掘

「資源方面的強項」是指，

資源方面的強項
① **時間**
② **金錢**
③ **物品**
④ **人脈**

在你即將挑戰的通往「理想未來」之戰中，這些就如同讓你瞬間輕鬆許多的支援道具一樣。

因為光是使用這些「資源」，就可以恢復身心健康，甚

至增加其他的「強項」。

在遊戲世界中，有了「恢復道具」就可以補滿在戰鬥中消耗的體力；有了「金錢」就可以購買更強的裝備讓戰鬥更輕鬆；有了「省時道具」就可以在前往終點的路途中打造出一條捷徑。

這些道理在「工作」中也一樣適用。我們**每天無意識中都在工作上使用了「資源」這項道具**。

有了「時間」⋯⋯
- 就可以透過睡眠恢復精神
- 若用在新的體驗或提升技能上，就可以增加「經驗」、「知識」和「技能」

有了「金錢」⋯⋯
- 透過在座談會或講座學習「知識」、「技能」，或是考取證照等「實績」，可以提升目前工作上的評價或升遷，或轉職、做副業、創業
- 如果理想的未來需要，也可以投資在提升「外表」等方面
- 來一趟溫泉旅行或按摩療癒身心，提升每天都要加油的動力

有了「物品」……

- 「降低閱讀門檻的電子書閱讀器」、「不容易累積疲勞的椅子」、「可以語音學習的無線耳機」等等，有了「能夠集中注意力學習的物品」，學習效率會提高，更容易增加「知識」和「技能」
- 「分散身體壓力的床墊」、「放鬆身心的精油」等等，有了「提升睡眠品質的物品」，就能達到恢復精神的效果，以健康的狀態穩定朝目標努力

有了「人脈」……

- 可以介紹對公司產品有興趣的客戶，帶來「金錢」
- 可以學到如何解決煩惱的「知識」

如上所述，有了資源，可以恢復體力和精力的血量，並提高有效率地增加其他「強項」的機會。

不過如果沒有察覺到自己「擁有」，那麼就無法使用。

例如你一直塵封在書架上的書、過往的朋友、衣櫃中的存錢筒，平常搞不好都忘了它們的存在，但它們卻有可能成為協助你做「想做的事」的幫手。

為了能在需要時使用，請在任務中確實地寫成文字。

「資源」稀少時的對策

不過這不代表資源稀少就不能抵達「理想的未來」。

因為還是有辦法增加「資源」，或是不使用「資源」就實現「理想未來」的辦法。

機會難得，這裡介紹幾項「資源」稀少時的對策。

①若判斷該資源為「必要資源」時就去增加

- 需要「金錢」→透過節約、短期打工、副業等賺取目標金額
- 需要「時間」→每個月省下幾次半推半就參加的聚餐等優先順序低的事項就可以擠出時間
- 需要「物品」→向家人或朋友借用、找二手用品
- 需要「人脈」→參加新的社群

諸如此類，很多資源都是靠各種辦法增加的。

如果你認為「這對我理想的未來是不可或缺的資源」，那麼可以撥一段時間集中精力在增加資源上。

●● ②從目前可做的小事情開始起身行動

- **沒有「金錢」**→利用 YouTube 或圖書館的書學習
- **沒有「時間」**→請他人協助
- **沒有「人脈」**→依靠自學，或是自己透過社群網
  站攬客

類似這樣，有很多「即使沒有資源也做得到」、「利用少量資源就做得到」的事，只要不斷累積這些小事，就能確實地一步一步往「理想未來」前進，因此就算資源稀少也不必害怕。

還有，請把資源看成是「資源＝有了比較方便」的東西就好。

先透過每日任務，將你現在擁有的資源視覺化吧。

意外地其實我有「資源方面的強項」！

「好，我要挑戰副業。」原本是上班族的我為了實現理想的生活，作出了這樣的決定。

不過我當然從來沒有做副業的經驗，對於完全新手的我適合什麼樣的副業、具體該怎麼賺錢，我在「知識」方面的強項是零，可是我也沒有多餘的「金錢」去參加座談會或創業育成班……另外，想做副業也沒有其他人可能會有興趣的「實績」。

簡直是「一窮二白」的我，感覺走進了「接下來到底該怎麼辦？對現在的我來說還是太困難了嗎？」的絕境。

不過在我學會「將自己現有的資源轉化為強項」的思考方式後，察覺到了一件事。

那就是現在的我雖然沒有「實績」或「知識」，但沒想到朋友之中也許有對副業感興趣或了解詳情的人。

另外，還有雖然不知道對方是否了解副業，不過只要拜託人脈廣、總是會介紹其他人給我認識的朋友，或許就能和熟悉副業的人見面。看著我手機裡的聯絡人清單，我感覺看到了副業的希望。

換句話說，本來以為「一無所有」的我，至少還有似乎能以

某種形式從背後推動我去挑戰副業的「人脈」。

　　這麼一想之後，本來迷惘著「自己一無所有，又不知道該做什麼好，接下來一定很辛苦的我」就消失了。我覺得「自己很幸運有很好的環境，一定可以挑戰從事副業！」感覺有了自信可以踏出第一步。

　　這的確是其實已經擁有，但平常卻沒有察覺的「小資源」。這是個很好的案例，讓我們知道只要認真找出這樣的小資源，就可以轉化成往前進的原動力。

　　這個時代只要利用社群網站，就可以馬上蒐集資訊或建立人脈。除了可以找到「強項」以外，光是拓展視野這一點，未來的可能性就會不斷擴大。

5 - 1

「資源方面的強項」 總整理

填寫下列空格，或是回答問題，來清點「資源方面的強項」。

時 間

・平日可以用在「想做的事」上面的時間：　　　小時
・假日可以用在「想做的事」上面的時間：　　　小時
（合計：　　　小時／週、　　　小時／月）

金 錢

・存款中可以用在「想做的事」上面的額度：　　　元
・月薪中可以用在「想做的事」上面的額度：　　　元／月

物 品

環顧屋內，如果有似乎可以轉化成下列五項的「物品」請寫下來。
・恢復體力、精力：
・增加時間：
・增加金錢：
・增加人脈：
・增加後天的強項（經驗、知識、技能、實績）：

人　脈

・可能會支持你「想做的事」的人？
・針對你「想做的事」，比你更清楚情況，或是想請教的人？

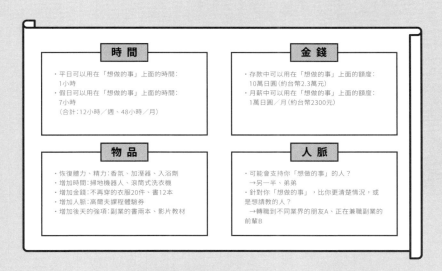

時　間	金　錢
・平日可以用在「想做的事」上面的時間：1小時 ・假日可以用在「想做的事」上面的時間：7小時 （合計：12小時／週、48小時／月）	・存款中可以用在「想做的事」上面的額度：10萬日圓（約台幣2.3萬元） ・月薪中可以用在「想做的事」上面的額度：1萬日圓／月（約台幣2300元）
物　品	人　脈
・恢復體力、精力：香氛、加溼器、入浴劑 ・增加時間：掃地機器人、滾筒式洗衣機 ・增加金錢：不再穿的衣服20件、書12本 ・增加人脈：高爾夫課程體驗券 ・增加後天的強項：副業的書兩本、影片教材	・可能會支持你「想做的事」的人？ 　→另一半、弟弟 ・針對你「想做的事」，比你更清楚情況，或是想請教的人？ 　→轉職到不同業界的朋友A、正在兼職副業的前輩B

　　好了，感覺如何？這三天內應該已經不斷挖掘出你的強項了。相信接下來還會持續增加各種強項，之後也要找時間做自我分析任務，一一填寫下來。

　　好啦，明天開始的任務終於要製作能活用你的強項、實現理想未來的「天職地圖」了。
　　那麼，今天也別忘了給認真解每日任務的自己獎勵喔，辛苦了！

哎呀，今天的任務真的是盲點呢⋯⋯我從來沒想過「資源」也可以是強項。

妳有什麼可以活用的資源？

我的話首先是錢吧。我常在特賣會沒有多想就買衣服，結果不適合我，現在我決定每個月將這些錢好好用在「想做的事」上面。我已經等不及買了好幾本轉職和副業的書。

喔喔，妳很難得動作這麼快呢！

對啊。還有說到「人脈」，我有一個朋友上個月轉換跑道到完全不同的業界，好久沒跟她聯絡了，我想可以問問她。你呢？

我本來也完全忘了這件事，後來想起我有個大學學長在貿易公司工作，我想去問他當初怎麼找工作的。

真好耶！知道「人脈」也是強項之後，就想起學長的存在了呢。

還有我也可以重新檢視「物品」，像是以前買的現在

沒在玩的遊戲片或用不到的東西，反正都不要了不如賣了換現金，當作是去國外的資金，我想要現在開始存錢。

了不起！還可以斷捨離，一石二鳥呢。
對了，我也發現我可以更有效率地使用「時間」。之前平日晚上睡前一個小時我都會懶散地用手機看影片，我想要先從那一個小時開始，拿來讀我剛買的那些書。

老姊，妳變了呢。啊，我是指好的方面喔。不過像這樣只要目標明確，是「為了前往理想的未來」，對於時間或金錢的意識就會改變呢。

真的是這樣。老實說我以前都是「平日要工作很無聊→只期待假日」的感覺， 但現在覺得不管平日或假日，「日常的行為」一切都與「理想的未來」有關，所以很興奮！

雖然是玩遊戲的感覺，但和手機遊戲又不一樣，可以增加「現實中的自己」的強項，總覺得很不可思議呢。

真的呢，沒想到我也有這麼多強項！光是看著感覺就產生了力氣。好期待明天呀！

第五天破關

- 「資源方面的強項」是指「①時間、②金錢、③物品、④人脈」
- 擁有資源方面的強項後可以恢復身心健康到滿血，提高有效率地增加其他「強項」的機會
- 即使資源方面的強項稀少，還是有辦法增加「資源」，或是不使用「資源」實現「理想未來」的辦法，因此把資源看成是「有了比較方便」的東西就好

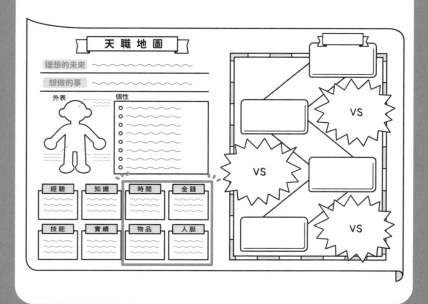

DAY 6

設定終點、里程碑、主線任務，
製作「天職地圖」

聽我說，昨天我打電話給之前提到的那個最近轉職的朋友，她現在好像過得很快樂，讓我想快點往「理想未來」前進的心情越來越強烈了。

哇，我懂。我本來對就業提不起勁，現在也心癢難耐地好想快點去做。

不過實際上，該怎麼具體行動才能踏實地抵達「理想的未來」？

嗯～妳現在已經透過向朋友請教或是看書，在蒐集轉職或副業的資訊了吧？剩下的應該是去做就對了的感覺？

話是這麼說沒錯，但一想到有好多事要做啊～就很難踏出第一步……

這麼說我也是，在有公司預定要錄取我之前，有多到數不清的事要做……

呵呵呵，這一定是因為「目前所在地」和「終點」之間太過遙遠的關係。

哇？！嚇死我了。妳到底都從哪裡冒出來的？！

「目前所在地」和「終點」太過遙遠……妳這麼一說好像的確是這樣，感覺很遙遠。

想要抵達「理想的未來」，該怎麼一步一步前進才好，**需要清楚載明路線和距離的「地圖」**。而你們目前是沒有「地圖」的狀態。

這樣啊，即使模糊地想著「我要快點轉職！」、「我要快點開始副業！」但因為沒有擬定如何具體行動的計畫，所以動彈不得。

就是這樣。今天的遊戲會讓你們學會如何畫出那份「地圖」。

……啊！妳一開始給我們的「天職地圖」那張紙，該不會就是指這個？

原來如此！這張地圖是要自己畫出來的！

呵呵，你們終於發現了。沒錯，親手填滿那張空白「天職地圖」的日子到了。
和你們一起玩的遊戲已經來到了終局呢……呵呵，那麼，今天也好好享受吧。

DAY 6

設定終點、里程碑、主線任務

從今天起,終於要進入製作「精巧地圖」的作業,讓你在努力做著「想做的事」時能夠毫無迷惘地往前進。該怎麼樣才能破關這款遊戲呢?自己和自己的作戰會議即將開始。

MISSION

製作「天職地圖」！

先前的五天，都專注在面對「自己」，所以現在對「自己」的理解深度和五天前已經不可同日而語了吧。

從今天起，我們終於要進入破關這款遊戲所需的作戰會議，請帶著期待前進吧！

那麼，為了要順利抵達「理想的未來」，我們需要「從目前所在地前往終點的地圖」。

沒錯，這份前往「理想未來」的地圖，正是利用遊戲來完成的「天職地圖」。

也就是說，經由前幾天的任務已經成形的「現在的你」，接下來要將通往「理想未來」的路線寫成一份具體的計畫。

如果可以有一份前往「理想未來」的地圖，那當然會想要「不會迷路，可以筆直朝終點前進，高精確度的地圖」對吧？可以的話，想得到一份真正「夢想成真的地圖」。

「夢想成眞地圖」的五項條件

「夢想成真地圖」必須具備以下五項條件。

①「目前所在地」很明確
②前往「終點」的路途中設有「里程碑」
③前往里程碑的路上「該做的事」很明確
④路途中會有哪些「危險」已經事先載明清楚
⑤連「避開危險的方法」都已經做好標示

具備這五項條件的地圖，不會讓你在前進道路上迷失，也不會受到意料之外的敵人干擾，是一份能讓你無限接近「理想未來」的強而有力的地圖。

那麼，今天和明天兩天，我們會一步一步提高這份「前往理想未來的地圖」的精確度。

首先是今天，透過每日任務完成「夢想成真地圖的條件」前三項（①「目前所在地」、②「終點」和「里程碑」、③「該做的事」）。

想像成在玩遊戲一樣：

・終點＝破關
・里程碑＝存檔站點
・該做的事＝主線任務

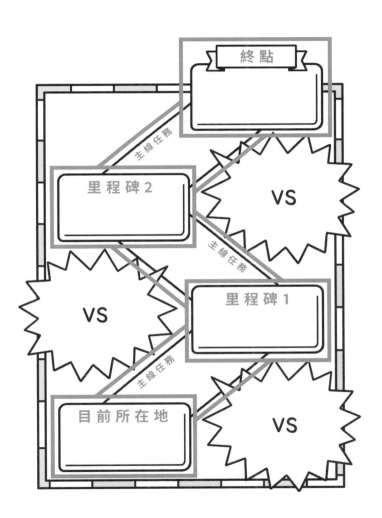

決定好「終點、里程碑、主線任務」再出擊

　　我是約聘員工，為了提高薪水曾想過要努力考取證照，不過雖然這麼決定，但每天都很忙，無法持續讀書，因此感到很挫折，當時我每天都很鬱悶，覺得「明明想努力卻做不到，我的意志力還真薄弱……」

　　可是有一天，我知道了我的問題不在「意志力薄弱」，而是「將目標設定得太高了」。這麼說是因為，我一心只想著要通過即將到來的證照考試，所以將目標設定在「完整背下三本參考書」、「每天讀三個小時持續兩個月」等等，現在回想起來，應該是沒有幾個人能達到這樣的目標。

　　於是我改成在目標中間設定「里程碑」，具體做法是設定「每天讀十分鐘，連續七天」、「精選一本參考書，先看過一遍，就算忘了某些內容也沒關係」。為了達到里程碑，我將這些事當作「主線任務（該做的事）」，下定決心「在回家電車上的十分鐘一定要翻開參考書，一直讀到離家最近的車站」。

　　結果之前因為「每天三小時」的門檻太高而遲遲沒有動力坐在桌前的我，出現了驚人的變化。因為我做到了每天持續讀書至少十分鐘，所以深刻感受到了「能夠持之以恆每天念書的自

己」。現在才發現，訂定太高的目標只會讓自己感到挫折，對過去不斷否定自己的我來說，這真的是件令人高興的事。

不僅如此，在我順利養成短短十分鐘的讀書習慣後動力也提升了，即使到家以後，也會想著「再看十分鐘」、「再念五頁」，很自然地就會打開參考書。

在那之後，讀書已經成為我的習慣，對達成小目標的自己，我充滿喜悅，於是開始不斷自動自發讀書。只是設定目標的方式不同，自己竟然會有這麼大的變化，這讓我很驚訝。

從她令人刮目相看的變化，可以感受到在目標之間設置「里程碑」，讓該走的每一小步更明確所產生的效果。

6 - 1

決定「目前所在地（起始地點）」

首先盡量詳細地將「目前的狀況」視覺化。在做出大型成果之前、動力好像快消失的時候，只要知道自己其實已經從起點前進了一些，哪怕只有一小步，也會成為很大的助力。

【明確定位目前所在地的題目】

1 今天是你開始著手「想做的事」的第幾天？

※ 還沒開始的話填入第 0 天

2 以數字具體描述目前這個時間點「想做的事」的成果，有多少寫多少。

※ 還沒開始的話就寫下 0 元、0%、0 件等數值

3 對於「想做的事」，現在最直接的心情是什麼？

回答範例

〈目前所在地（今天＝第 0 天）〉

轉職開始前。應徵了 0 間公司、0 間公司書面資料合格、0 間公司預定錄取。

對於自己的職涯經歷能否讓年薪增加感到不安。

6 - 2

決定「終點」和「里程碑」

接下來是設定「終點」和「里程碑」。

以遊戲來說，就像「終點＝破關」、「里程碑＝存檔站點」一樣。

不要將眼光放在遙不可及的終點，而是先確實地看著里程碑，這樣就能維持精神前進。

設定「終點」和「里程碑」的重點在於要明確訂出「目標與期限」。

本書推薦以「三個月」、「一個月」、「一個星期」為期限進行設定，因為「三個月」這個時間單位不會太短也不會太長，很適合大多數的目標設定。

而為了能夠堅持三個月，需要將「行為化為習慣」，尤其是一開始的一個星期到一個月的行為管理非常重要，因此才刻意設置了短期的里程碑。

不過每一個「想做的事」和「理想未來」最適合的數值都不一樣，期限或里程碑的數量都可以自由規劃。

【訂立「終點」和「里程碑」的題目】

1 你希望做了「想做的事」三個月之後會呈現什麼狀態？
將你的期望填入「終點」欄。

2 你希望做了「想做的事」一個月之後會呈現什麼狀態？
將你的期望填入「里程碑 2」欄。

3 你希望做了「想做的事」一個星期之後會呈現什麼狀態？

POINT 設定目標時要注意「是否夠具體」，尤其是有能夠以數值表示的量化條件會更好，這樣之後回顧「是否有達成」時就能一目了然。

回答範例

〈里程碑 1（一個星期後）〉

開始認真找工作，完成超過十間公司的履歷投遞。

〈里程碑 2（一個月之後）〉

得到一間期望公司承諾預定錄取。

〈終點（三個月後）〉

習慣新的公司，可以達到公司內部目標。月薪已經比現在多三萬日圓。

6 - 3

決定「主線任務（該做的事）」

訂立好里程碑之後，接著終於要設定前往里程碑的主線
任務（該做的事）。

定下具體的「行動目標」以前往里程碑。

【訂立該做的事的題目】

1 為了在一個星期後抵達「里程碑 1」，應該採取「什麼樣的行動」？

2 為了在一個月後抵達「里程碑 2」，應該採取「什麼樣的行動」？

3 為了在三個月後抵達「終點」，應該採取「什麼樣的行動」？

回答範例

〈目前所在地（今天＝第 0 天）〉

轉職開始前。應徵了 0 間公司、0 間公司書面資料合格、0 間
公司預定錄取。

對於自己的職涯經歷能否讓年薪增加感到不安。

↓主線任務①：註冊求職網站，以「理想未來」的自
我分析結果為標準，將有興趣的公司縮小到十間。

↓主線任務②：製作並投遞十間公司的履歷。

〈里程碑 1（一個星期後）〉
開始認真找工作，完成超過十間公司的履歷投遞。

↓主線任務③：參加面試。

〈里程碑 2（一個月之後）〉
得到一間期望公司承諾預定錄取。

↓主線任務④：接受錄取， 辦理原公司離職。

↓主線任務⑤：完成新公司就職手續與研修。

↓主線任務⑥：在新公司的工作內容上達成目標。

〈終點（三個月後）〉
習慣新的公司，可以達到公司內部目標。月薪已經比現在多三
萬日圓。

　　那麼，感覺怎麼樣呢？三個月後的樣貌，以及該如何具體
行動和期限都很明確，從目前所在地到「理想未來」之間的路
線變得清晰可見了吧。

　　這份地圖會陪伴你走到終點，是個非常可靠的夥伴。

這太了不起了，原本模模糊糊覺得很遙遠的「理想未來」現在感覺進入射程範圍內了。我可以看到三個月後得到期望公司錄取的自己了！

我也是我也是！決定好「理想未來」，找出自己的「強項」之後，需要的就是這種「落實到具體計畫上」的方式。

對呀，我現在才忽然驚覺我以前都沒有明確設定過「里程碑」。

我也是啊，之前就算有下定決心訂立新的目標，但眼光看向的都是非常遙遠的未來目標，所以中途就絕望地想著「那個目標太遠了吧，我做不到……」類似像這樣的情況常常發生。

真的就是這樣。但如果是想著先以一個星期後的「里程碑」為目標全力衝刺的話，心情就比較輕鬆了呢。我要先用這一個星期在社群網站上找出已經實現了我「理想未來」的學長姊們，然後訪問他們，聽聽各種現實層面的感想。

不錯嘛！你再說給我聽。明天似乎是遊戲最後一天了，好期待會完成什麼樣的地圖！

第六天破關

- 為了抵達「理想的未來」，就需要「從目前所在地前往終點的地圖」
- 「夢想成真地圖」的條件為「①『目前所在地』很明確、②前往終點的途中有『里程碑』、③前往里程碑的『行動』很明確、④知道路上有哪些『危險』、⑤連『避免危險的方法』都很清楚」
- 有了具備五項條件的地圖，就能實現「理想的未來」

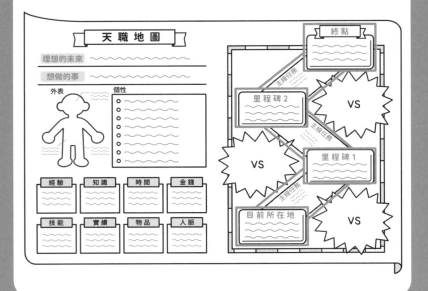

DAY 7

寫下強項、敵人、支線任務，
完成「天職地圖」

原本完全空白的「天職地圖」現在已經成為很具體的「前往理想未來的地圖」了，怎麼說呢， 感覺很開心呢。

真的是這樣呢，這張空白的紙本來是遊戲入場券嘛。在咖啡廳裡被邀來玩遊戲時我真的嚇了一跳⋯⋯

啊！那天我的面試接連不合格，正覺得未來一片黑暗，心情很沮喪。

對呀，那時候也是我「人生繼續這樣下去好嗎？」非常煩躁不安的時候。

才只是一個星期之前的事，和現在的心境卻完全不一樣，感覺很懷念呢。

現在已經很清楚內心「理想的未來」和「想做的事」的目標了。

沒錯沒錯，而且了解了很多自己的「強項」！本來我在面試時沒辦法那麼滔滔不絕的說⋯⋯

這麼一想，「正確的自我分析」還真厲害呢，感覺終於見到了「真正的自己」。

該怎麼具體行動才可以確實改變人生,我們已經得到屬於自己的這份地圖,真是太好了。

……奇怪?我才想說怎麼這麼安靜,今天那位大姊沒出現呢……

欸,真的耶。平常差不多都在這時候出現,然後笑著說「你們欠缺的是這個」。
該不會……沒辦法再見面了吧?

不過這份地圖會在下一場遊戲製作完成……如果順利完成地圖的話也許可以見到她?

是呀,總之我們現在能做的,就是完成這份地圖。
……好,一定要完成地圖,然後再去向她報告!

完成整份「天職地圖」

想要完成地圖，必須寫下三大作戰策略：「強項」、「敵人」、「支線任務」。姊弟兩人能夠順利得到實現夢想的「天職地圖」嗎？還有……你呢？敬請期待本章結束後屬於你自己的「天職地圖」。

MISSION

「天職地圖」的最後一步

好的，這份「天職任務」也來到最後一天了。

昨天畫好了「天職地圖」，實現夢想的方式已經比過往更清晰具體，應該有很多人感到很興奮吧。

不過……先等一等。事實上，這份「天職地圖」還沒有全部完成。

我們還有 **「作戰策略的絕招」**，可以進一步提高 **「抵達終點的機率」**。

最後一天的今天，我們要熟悉如何擬定該作戰策略，然後填入地圖中，完成只屬於你的「天職地圖」。

那麼，現在來複習第六天的五項「夢想成真地圖」條件。

① 「目前所在地」很明確
② 前往「終點」的路途中設有「里程碑」
③ 前往里程碑的路上「該做的事」很明確
④ 路途中會有哪些「危險」已經事先載明清楚
⑤ 連「避開危險的方法」都已經做好標示

其中，昨天我們透過①～③畫出了「天職地圖」。

④路途中會有哪些「危險」已經事先載明清楚
⑤連「避開危險的方法」都已經做好標示

最後這兩項作業，正式開啟完成「適合你的地圖」的作戰會議。

不是「適合自己的作戰策略」就難以達成

雖然很突然，不過你有過這種經驗嗎？

> 下定決心要「減肥三公斤」，
> 因此決定好的行動目標是
> 「這一個月拒絕吃零食」。
> 結果……最後還是吃了零食，
> 沒能達成減肥三公斤的目標……

怎麼樣？應該有很多人有一樣的經驗，或者是想到類似的經驗而心臟揪了一下吧。

即使像這樣已「設定明確的終點」，知道抵達終點前該做的「具體行動」，還是會有不少遇到挫折，因而到不了終點的案例。

為什麼會這樣呢？

簡單來說，原因就是沒有建立一套「適合自己且符合現實的作戰策略」。

例如先前提到的減肥案例，「很喜歡吃零食的自己」要「拒吃零食一個月」，光只靠下定決心「我不吃零食！」是不夠的。

換句話說，如果不是適合自己且符合現實的作戰策略，就會掉入「即使理性明白，但卻無法實際行動」的陷阱裡。

假想「敵人」和「強項」

那麼，該怎麼做才能訂立「適合自己且符合現實的作戰策略」？

從結論來說，只要按照下列三步驟擬定作戰策略就可以解決了。

①事先假想好「敵人」
②決定好要用自己的哪一個「強項」對戰
③敵人出現後使用設想好的「強項」擊退敵人

例如前面的減肥案例：

①自己習慣「在工作後吃巧克力抒解壓力」←敵人
②查詢減肥知識後知道攝取太多糖分是變胖的原因
　　←擁有「知識」強項
③先從將工作後的零食換成糖分較少的「高 % 數巧克力」開始←擊退敵人

作戰策略改變成上述的方式後，就成為符合現實的策略了。
或者是：

①自己的問題在於「半夜的食欲」←敵人

②加入健身房，在工作結束後溫和運動←擁有「金錢」、「時間」強項

③帶著疲憊回家，讓自己在晚上十點上床睡覺，藉此忽略食欲←擊退敵人

也就是說重點在於，事先準備好具體的作戰策略，應用自己先前發掘出來的「強項」，擊退「阻礙達成目標的敵人」。

只要做到這一點，就不會發生「明明計畫好完美的行動目標，卻因為跟不上而感到挫折」的窘境。

這樣是否明白要實現「理想的未來」，「適合自己且符合現實的作戰策略」有多重要了呢？

利用「雙軸思考」活用「強項」

前面我們已經分成下列十大項，找出你的「強項」了。

這些該怎麼活用才好呢？

首先，雖然說起來都是發揮自己的「強項」，不過其實還可以分成以下兩種類型。

　　意思是外表、個性、經驗、知識、技能、實績、時間、金錢、物品、人脈……你所擁有的好幾項特徵是「對誰」使用呢？

　　例如你以升遷為目標，打算第一步先改造「外表」，給人知性的印象。

　　如果將這項特徵發揮在「他人」身上會發生什麼事？

　　可能會獲得主管或下屬的信賴，容易交代任務給你，或是得到客戶信任，成為商量的對象，感覺離升遷前進了一步對吧？

　　另一方面，如果將外表發揮在「自己」身上，又會怎麼樣呢？

　　看到自己全身上下知性的風格後動力提升，舉手投足自然變得優雅，或是行為說不定也產生了變化，下班時還想繞到書店看看等。（有些人在打算開始新事物時會認為工欲善其事必先利其器，先從形式開始學起，應該就是這樣的道理吧。）

　　這只是其中一種範例，但不管什麼樣的特徵都相同。

謹慎的「個性」……

發揮在「他人」身上

→接下繁雜的文件確認作業、擔任指出專案問題的
　角色、仔細比較評比想買的東西或服務然後整理
　在部落格文章中……等等

發揮在「自己」身上

→仔細查詢各項事物減輕不安，並轉化成行動的原
　動力

食物或健康的相關「知識」……

發揮在「他人」身上

→販售促進對方健康的商品

發揮在「自己」身上

→讓自己更健康，成為邁向理想未來的力量

「金錢」……

發揮在「他人」身上

→藉由贈禮建立更穩固的人脈

發揮在「自己」身上

→恢復體力或精力、投資自己增加知識

如上述例子，十種「強項」的使用方式不只一種型態，會因為使用對象不同而有多種應用方式。

只要多嘗試幾種活用方式，你抵達「理想未來」的速度就可以大幅提升。

因此，要常常保有強項可以發揮在「他人」和「自己」身上的「雙軸思考」習慣。

如果再說得更具體一點：

①發揮在他人身上→
可以幫到他人、
產生影響

②發揮在自己身上→
可以成為
行動的原動力

記住以上這兩點就夠了。

無論是哪一項特徵，都能夠分成「可以為了誰使用？」和「可以轉化成推動自己的原動力嗎？」兩個面向思考。

再怎麼說，「強項＝在達成目標的過程中，對自己有利的特徵」，既然你擁有可以用於達成目標的特徵，那麼不管是要用在他人身上或用在自己身上，不妨盡量發揮盡量活用。

「乘法思考」——
用幾個強項都 OK

另外還想請各位培養「乘法思考」的習慣，簡單來說，就是「多個強項相乘使用」。

多個強項相乘使用具有以下的優勢：
· 用在他人身上時，可以提升稀有度
· 用在自己身上時，可以提升行動力

首先說明用在「他人」身上時，可以提升稀有度。

舉例來說，你的目標是「販售自己的寫作技巧，靠副業賺取一萬日圓」。

這時候，如果只是在副業網站等地方簡單寫下「我會寫作！」當成廣告推銷，那每個人都會。

可是如果你同時擁有「育兒經驗，還知道親子友善地點的知識及克服孩子偏食的料理食譜」等其他的強項會怎麼樣？

已經具備的寫作技巧加上「育兒相關知識」後，就能夠以「精通育兒資訊的寫作者」身分活動。

這樣一來，可以更加凸顯你的特徵，那麼遇到有人在找「我需要寫出這種文章的人！」的機率就會提高。

相較於「會寫作的人」的母數,「會寫作又具備育兒相關知識的人」在數量上必定更少,所以稀有度就會上升。

再舉其他例子,像是面試的場合,比起具備「銷售經驗」者的母數,「有銷售經驗,又擅長數據分析的人」數量就更少了。

同樣地,「有銷售經驗,會數據分析,而且還具備新商品企劃提案實績的人」數量又更加稀少。

也就是說,**多個強項相乘,自然就能產生差異,成為「高稀有度的人才」**。

另外,如果是用在「自己」身上,只要多個強項相乘,還會帶來提升行動力的好處。

用前面的例子來舉例,假設為了達到「靠副業賺取一萬日圓」的目標,你選擇了「學習怎麼寫作」。

這時候,如果發揮自己「可以短時間內專注在某樣事物的個性」,那麼就會去尋找為期一個月的短期衝刺班參加。

不過如果同時有「處在競爭環境中會更熱血沸騰的個性」,就活用這項個性,報名「衝刺班同學互相競爭的比賽」;若是「呼朋引伴才有幹勁的個性」,就「找家人朋友一起參加」,用這樣的

方式，可以自行不斷增加推動自己的原動力。

簡單來說，**只要熟練地在自己身上使用自己擁有的多項特徵，行動力就會提升。**

其帶來的結果，就是抵達「理想未來」的機率和速度會不斷增加。

強項不夠！遇到危機時就使用「支線任務」

那麼，知道「強項的活用方式」之後，我們回到如何具體繪製「天職地圖」的主題。

先前提到「事先找出可能遇到的敵人，並決定好要使用的強項」，不過有時候卻會發生「沒有想使用的強項，或是強項不夠」的情況。

例如想要努力減肥，但是……

下班後沒有餘裕去健身房
（時間、金錢不夠）

吃巧克力已經是習慣了戒不掉，但又不知道
該替換成什麼零食才好（知識不足）

尤其是目標訂很高的時候， 很容易出現只靠「現有的強項」沒有機會打倒敵人……！的狀況。

這時候就悄悄進行「支線任務」吧！

「支線任務」是指為了取得「不足的強項」所做的努力。

因為這個行為會稍微偏離筆直朝向目的地前進的「主線任務」之路，所以稱為「支線任務」。

用剛才的例子來舉例，如果「下班後沒有餘裕去健身房」（時間、金錢不夠），那麼支線任務就是「**提升工作效率，減少加班一個小時，以確保足夠的時間！**」

或是「**每天中午從外食改成自己帶便當，想辦法擠出去健身房的費用**」這條「支線任務」。

如果是「吃巧克力已經是習慣了戒不掉，但又不知道該替換成什麼零食才好」（知識不足）的情況，那麼支線任務就是「**查詢吃了不容易發胖的零食，增加知識！**」

像這樣，如果有「理想未來」所必須，或有了更方便的「強項」，那麼先去增加那些強項也是作戰策略之一。

在前往你所描繪的美好「理想未來」路途中，一定會遇到意料之外的敵人。

如果先擬定好這種時候「該用什麼強項」，甚至先推演過萬一遇到危機時「增加強項的支線任務」，那麼一切都會在預料之中，就能夠像玩遊戲一樣快樂地在人生道路中前進。

　　過去六天繪製的你手上那張「天職地圖」，乍看之下或許有著完美路線，是份美麗的地圖。

　　不過就像本章所說的，如果那是「不適合自己的地圖」，那就無法按照地圖前進。

　　好啦，所以今天我們要進行最後一步，假想「敵人」、「強項」和「支線任務」。根據每日任務的指示，在「天職地圖」中填入「敵人、強項、支線任務」吧。

　　這麼一來就能量身定製出一份最適合你、只屬於你的「天職地圖」。

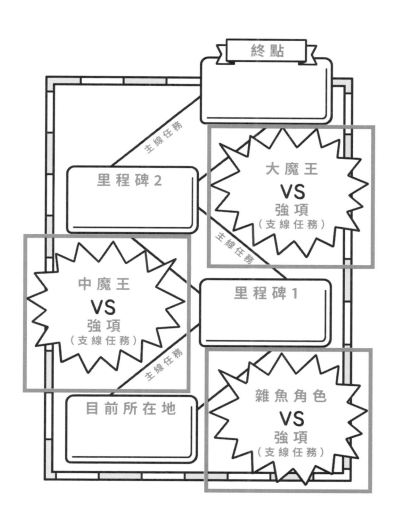

有了「敵人、強項、支線任務」 就能加快實現夢想的速度！

　　我「想要辭掉工作，自行開業以實現理想的未來」，不過多年來我都受雇擔任工程師，個性又容易操心，所以思緒一直繞著「我真的能養活自己嗎？」打轉。這種模模糊糊的不安不曾斷過，結果我開始退縮，覺得「對我來說自行開業或許還太早了」。

　　這時候，我為了整理思緒而嘗試了「事先假想好敵人」，挑選了「如果走在自行開業的路上，我會因為哪些具體情況而煩惱？」作為課題。

　　而答案是「我可能接不到案子」、「完成的案子客戶可能不滿意」等煩惱。

　　不過我看著透過自我分析發掘出來的「強項清單」後，腦中清楚浮現出「現在馬上派得上用場的強項」，以及「應該增進的強項」。

　　「一開始的客戶或許要靠前同事 XX 或 OO 的門路介紹（人脈）。如果這條路行不通，那就多讀幾本自行開業的工程師寫的書作為參考（知識）！」

「我要積極接下目前工作經歷中已經累積一定知識量領域的案子，好讓委託我的客戶滿意（知識），不過也要從現在開始去上新的課程，增加技能，好回應範圍更廣的委託案（技能）」。

只是事先假想好敵人，就能像這樣察覺「我也有能使用的武器，而且也清楚知道了自己缺乏的武器，可以想辦法獲得」。

我認為這是一個能夠確實提升夢想實現速度的思考方式。

成功創業並且得到了理想未來的他表示，挑戰的勇氣來自於具體假想好「敵人」以及「強項」。甚至先想好「不足的部分」並擬定對策後，即使在挑戰的過程中遇到阻礙，這也都是預料中的事，或許這就是不帶任何擔憂向前進的秘技。

7 - 1

假想「敵人」

1 完成主線任務 1 的過程中你可能遇到的敵人是誰？在地圖上的「雜魚角色」中填入一～三項。

2 完成主線任務 2 的過程中你可能遇到的敵人是誰？在地圖上的「中魔王」中填入一～三項。

3 完成主線任務 3 的過程中你可能遇到的敵人是誰？在地圖上的「大魔王」中填入一～三項。

※ 建議將敵人的名稱像回答範例一樣，設定成「問題是搞不定～～」、「～～魔物」等搞怪的名字，這樣就不會太過意識到這是「課題」或「敵人」，而能以打電動的感覺開心打倒他們。

7-2

決定要以哪些「強項」應戰

1 你要以什麼強項應戰「雜魚角色」？選擇一～三項強項寫在地圖上。

2 你要以什麼強項應戰「中魔王」？選擇一～三項強項寫在地圖上。

3 你要以什麼強項應戰「大魔王」？選擇一～三項強項寫在地圖上。

7 - 3

設定「支線任務」

如果有需要，再設定以下任務即可。

1 與「雜魚角色」對戰時，如果要增加「強項」，應該要採取什麼行動，增加什麼樣的強項？填入地圖作為「支線任務」。

2 與「中魔王」對戰時，如果要增加「強項」，應該要採取什麼行動，增加什麼樣的強項？填入地圖作為「支線任務」。

3 與「大魔王」對戰時，如果要增加「強項」，應該要採取什麼行動，增加什麼樣的強項？填入地圖作為「支線任務」。

回答範例

〈目前所在地（今天＝第 0 天）〉

轉職開始前。應徵了 0 間公司、0 間公司書面資料合格、0 間公司預定錄取。

對於自己的職涯經歷能否讓年薪增加感到不安。

↓主線任務①：註冊求職網站，以「理想未來」的自我分析結果為標準，將有興趣的公司縮小到十間。

↓主線任務②：製作並投遞十間公司的履歷。

【雜魚角色】

問題是搞不定資料製作

【應戰強項】

整潔認真的印象（外表）×

專業的攝影照（金錢）×

自我分析「強項」（知識）

★支線任務★

從書上學習充滿魅力的職務經歷書寫方式（知識）

〈里程碑 1（一個星期後）〉

開始認真找工作，完成超過十間公司的履歷投遞。

↓主線任務③：參加面試。

【中魔王】 問題是搞不定面試策略

【應戰強項】

整潔認真的印象（外表）×

考試時養成的背誦能力（技能）×

和擔任人資的朋友練習面試（人脈）

〈里程碑 2（一個月之後）〉

得到一間期望公司承諾預定錄取。

↓主線任務④：接受錄取，辦理原公司離職。

↓主線任務⑤：完成新公司就職手續與研修。

↓主線任務⑥：在新公司的工作內容上達成目標。

【大魔王】

問題是搞不定必學的業界知識

【應戰強項】

對知識的好奇心（個性）×

購買增加知識的書籍，預算約一萬日圓（金錢）×

可以隨時隨地閱讀的電子書閱讀器（物品）×

週末擠出六個小時讀書（時間）×

在可以一個人獨處的房間裡集中精神（個性）

★支線任務★

從書籍中彙整「業界知識」記到腦海裡

〈終點（三個月後）〉

習慣新的公司，可以達到公司內部目標。月薪已經比現在多三
萬日圓。

好啦，感覺怎麼樣呢？

能夠帶你前往理想人生的「天職地圖」已經完成了！
剩下的就是拿著這份地圖，朝著「理想未來」前進。

另外，我們已經根據第六十一頁找到的「理想未來」排名中第一名的理想，決定好「想做的事」，並訂定作戰策略了。

這份地圖破關之後，請以同樣的方式製作「理想未來」排名第二名及之後的地圖，持續前進。

這樣就能一樣一樣實現你的理想未來清單，抵達實現所有夢想的終極「理想未來」，這才是真正的終點。

你的人生只屬於你自己，因此世上沒有他人繪製的「獨一無二的正確地圖」，有的只是你正視自己的真實想法，誠實地製作的原創地圖。

拿著只屬於自己的「天職地圖」，一定要以自己的雙腳開心地走在那條道路上。

知道「現在前進的方向是自己的理想未來」，能夠覺得「自己正從起點開始一步一步往理想的未來前進」，一定可以在未來的路途上多次拯救你於水火之中。

內心快要撐不住時的「五大招」

最後……假如，萬一，在路途中內心快要撐不下去時，該怎麼辦才好？

這裡傳授「五項招術」，希望你在那樣的時刻回想起來。

●● 第一招　將門檻降低到不能再低

每隔一小段路就設立一個「里程碑」，不斷降低心理上的門檻。

例如原本設定了「換工作」這個里程碑，不過在抵達這個里程碑之前，還可以再設立「註冊求職網站」、「做一題自我分析任務的題目」、「投遞一間公司的履歷」、「練習面試一個小時」等等，無數個小里程碑。

不論是多大的目標，都必須先完成一個一個「小目標」才會抵達。

而每一個「完成了！」的感覺，都會在背後強勁有力地推動你前進。就當作上一次當看看，一定要試試這個方法。

●● 第二招　記得設定「休假日」

在繪製「天職地圖」時，擬定完善的計畫是一件非常棒的事，但並不是只有百分之百按照計畫進行才叫做棒。

　　身為人類總是有身心疲憊的時候，或者是計畫亂掉發生意料之外問題的情況。你可能會對無法照著地圖前進的自己感到煩躁、焦慮，或是與他人比較而沮喪。

　　不過越是這種時候，越要果決地訂下「休假日」，讓自己能夠休息。即使是半天或一天也好，一個星期也沒關係。

　　在主要玩家的生命血量極端減少的狀態下，即使增加遊戲時間，也很難前進。

　　藉由暫時停下腳步，或是依靠恢復道具，先讓「自己」的體力、精力恢復到滿血狀態，因為這也是人生中很重要的遊戲時間。

●● 第三招　不要忘記「獎勵」！

　　再來就是認真努力的人很容易忘記的「獎勵」。獎勵不限於物品，而要設定為自己身體或心靈會感到愉悅的事物，例如吃美食、去唱歌、買想要的東西，或者獨處的時間，任何事物都OK。

　　不管有沒有做出成果，千萬不要忘記給「努力過的自己」應得的獎勵。

　　「努力到這一步的話，就給自己這個獎勵吧！」事先決定好獎勵內容，增加期待度也很不錯喔。

　　順帶一提，「給自己鼓勵的話語」也是一項很棒的獎勵。受

到稱讚怎麼說都是一件讓人開心的事，不過在長大成人之後，受到他人稱讚的機會就少了很多。

既然如此，就讓近在咫尺守護著自己的自己，好好稱讚自己一番也是很重要的事。

而且不是只在有重大成果時，就算是邁出一小步行動，或是經過充分休息後恢復精神等等，即使是一點小事，也要好好獎勵自己。

這麼一來，就算出現感覺「很辛苦」的時刻，也會因為辛苦之後必有「獎勵」，而不斷湧出「下次也要加油！」的奮戰精力。

●● 第四招　回顧「一路走來的道路」！

我們的眼睛長在前方，所以常常不小心就只看著從「目前所在地」到「理想未來」還有多少距離。

不過三不五時回頭看看後方，感受「自己已經前進了多遠」也很重要。

尤其是覺得「距離理想的未來還有這麼遠嗎？」或是視線範圍內出現其他人走在自己前方，而焦慮著「我落後他了……」的時候，更要有意識地回頭看看後方。

這麼做能夠聚焦在「自己踏實地走過的道路」上，例如「沒想到我確實一步一步前進中」、「一開始從零出發，不過現在已經可以做到這麼多事了」等等。

　有時候回頭看到有人走在自己身後，或許還可以伸手出借一臂之力。

　這樣感受自己的成長，能夠成為新的前進的原動力，因此要重視「回顧過去」這件事。

●● 第五招 「關卡」想改幾次就改幾次！

　最後我想說的是，這款遊戲的「關卡（想做的事）」可以想改幾次就改幾次，換句話說，不需要執著在「手段」上。

　本來繪製「天職地圖」的目的，就是要實現「理想未來」，而我們選擇的特定關卡，也不過是為了達成目的的手段之一。

　如果該關卡破起來太痛苦，或是覺得自己無法發光發熱，那就乾脆換掉整個關卡也不是不可以。再說一次，我們的目的是抵達「理想的未來」，而不是「卡在某個關卡裡」。

　而且有時候四處體驗各種關卡，反而能了解自己適合什麼或不適合什麼。

　雖然要盡可能享受追求成長過程中必須承受的負擔，但如果覺得對現在的自己來說負擔太大了，那就轉移到可以開心遊玩的關卡去吧。

　無論選擇什麼關卡，衷心祝福你能抵達期望的「理想未來」。

老姊，太棒了，我們的「天職地圖」終於完成了～～～

太好了，我已經覺得這不只是「天職地圖」，更是「人生的地圖」了。一想到這是世上獨一無二的我專屬的地圖，眼淚就快流出來了……

這是我人生中第一次這麼認真面對我的人生，好好了解自己，具體計畫未來。

我也是。這七天不是聽從別人決定的正確答案或是旁人的意見，而是一心一意正視自己想做什麼，感覺很開心，我深刻體會到重視「自己」的感覺了。

喂喂，老姊，妳別哭啊，這樣會害我也想哭！

恭喜你們兩人都完成「天職地圖」了！這七天真的是辛苦你們了。

啊，大姊！太好了，我還以為再也見不到妳了……！

就是說呀！好不容易完成了這份「天職地圖」，一定要讓妳看看……太好了，還能見到妳！

呵呵呵，昨天讓你們擔心了。為了準備讓你們之後回到現實世界，所以有點分身乏術。

現實世界……這樣子啊，遊戲已經結束了呢……

意思是我們遊戲破關了嗎？

是呀，這七天的「天職任務」已經破關了。恭喜你們！不過回到現實世界之後，你們的人生遊戲還要繼續玩下去喔。

人生遊戲……是呀，更確切地說是現在才要開始呢！

呵呵，沒錯。你們在實現「理想人生」時所需要的一切，都已經在這款遊戲中學到了，接下來就拿著這份「天職地圖」，不斷朝著理想未來前進吧。

好！真的很感謝妳的提點！很慶幸那時候在咖啡廳妳有出聲叫我們。

呵呵呵，其實我以前也完全不了解自己，坐在那邊的位子上和你們一樣在嘆氣，真令人懷念。

欸，是這樣嗎？

 呵呵呵，就別談我的事了。
好啦，你們都帶著「天職地圖」了嗎？現在要讓你們回到現實世界囉。

  好，我們會加油！

 你們真的都成長了，有了那份地圖，我想你們不會再迷惘了。我會給你們「冒險之書」，裡面彙整了遊戲中教導的一切，讓你們當作禮物，感到不安的時候，隨時可以翻看這本書。
那麼明天起也要好好享受自己的人生！

　　——回到現實世界的兩人，拿著「冒險之書（本
書）」以及專屬於自己的「天職地圖」，英姿颯爽
地邁開步伐。

第七天破關

- 想要提高抵達「理想未來」的機率，重要的是事先假想好「敵人」，並準備擊退敵人的「強項」，以此擬定「適合自己且符合現實的作戰策略」
- 透過「對他人發揮」以及「對自己發揮」的雙軸思考，可以拓展強項的應用方式
- 多個強項相乘之後，抵達「理想未來」的速度和機率都會提高

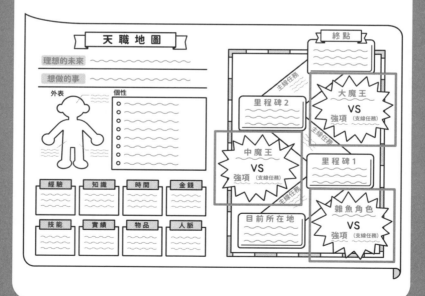

結語　原本充滿自卑的我改變人生的「強項」

「我真的對妳很失望，明明是公司的賠錢貨，竟然做一年就辭職也太誇張了。」

這是我二十三歲、大學剛畢業進公司第一年，辭職的那一天董事不屑地對我說的話。那位董事是我應徵了一百間以上的公司都沒成功，唯一一位願意雇用我的人。

被他這麼說的那瞬間，歉疚、丟臉、不甘心等各式各樣的情緒湧上心頭，我拚命忍住不讓蓄積在眼中的淚落下，用力咬著牙根，想著至少最後不要哭，不要讓董事覺得困擾，我逃也似地離開了公司。

那時，我想盡快逃走，坐上車發動引擎、踩下油門出發。

「我真的是個沒用的人。」

隨著如鯁在喉流洩出的這句話，斗大的淚珠沿著臉頰滑落，視線中映照的交通號誌紅燈糊成一團，我急忙將車子停在路肩，眼淚潰堤般止不住地流下。

真抱歉，突然說起這些，也許嚇到你了。

我想再多說一點我的事給看到本書最後的你聽。

為什麼我會想要寫這本《天職地圖》呢？這是因為「我很認真想增加帶著自信活下去的大人的數量」。

這麼說也是因為……回想起來，從小我的課業和運動都不好，也非常不擅長和他人交流，一直帶著強烈的自卑感長大。

因為完全不懂該怎麼表現自己，所以在找工作時，投遞了履歷及面試共一百間以上的公司，卻都沒有錄取，屢戰屢敗。

因此我對文章開頭那間好不容易願意雇用我的公司，充滿了非比尋常的感激。當時我被分派至業務部，想著一定要為公司帶來貢獻，拚命地工作著。

可是不管過了幾個月，我的業績都是吊車尾。

不僅如此，我的努力還出現了反效果被人投訴；貼著新手駕駛貼紙的業務用車撞到電線杆，修理費用高得嚇人等等，只是不斷惹怒主管。業績比我的薪水還要低，甚至還讓公司支出不必要的成本，每天都被人在背後說是「扯後腿的」。

「我就是個沒用的人，什麼事都做不好，去到哪裡都得不到一句好話。」

我這樣自己否定自己，每天都過得非常痛苦。閉上眼睛，這些感受仍然像昨日的事般歷歷在目。

不過就在某一天，人生的轉機降臨在這樣的我身上。

那是我二十三歲的時候。逃也似地辭去了第一間公司，像抓著浮木般換工作到了第二間公司，業務部的前輩無心的一句話讓我受到了衝擊。

當時我想著第二份工作一定要轉換心情做出成果，於是每天早上六點起床練習報告方式。前輩實在看不下去明明每天練習，和同事比起來簡報技巧卻依舊沒有進步的我那個樣子，於是這麼說。

「妳的簡報技巧還是一樣爛呢（笑）。不過妳的強項在於會用心傾聽他人說話，能夠為他人著想，跑業務時也活用妳這個強項就好了。」

這番話讓我受到了如同被雷打到一樣的衝擊。

因為過往的人生，不論身在何處都不曾獲得正面評價，所以我打從心底相信「這樣的我怎麼可能有任何強項」。

但是已經沒有什麼東西可失去的我，以前輩的那句話為唯一的救命繩索，毅然決然放棄練習簡報技巧，從隔天起專注在用心傾聽客戶所說的話。

結果原本總是板著臉把我趕走的客戶，開始和我聊得越來越熱絡，因為我們的談話不再是由我那蹩腳的簡報占了八成時間，而是轉變成客戶和我商量一些煩惱。

「謝謝妳今天聽我說話，說出來之後輕鬆了好多，我也看見問題出在哪裡，太好了。下次還要再來喔。」

第一次聽到客戶這麼說時，眼淚忍不住流了下來，不過這次並不是悲傷的眼淚。因為我一直相信自己沒有強項，所以感到無法置信的喜悅，這句話一下子就溫暖了我的心。

「原來這樣的我也有強項。」第一次這麼想的我，更加努力在工作中，一年之後業績從吊車尾竄升到全公司第一，還成為最年輕就升為主管的人，我開始像換了一個人似地，精力充沛地工作著。

之後我的人生一百八十度大轉變。

我開始為了追求適合自己的工作方式而轉職、創業，出版著作，接受媒體邀約上節目（！）等等盡情挑戰以前認為「我做不到」的事，然後一樣一樣完成了夢想。

這是因為我開始認為做任何事情，「只要了解自己的強項挺身而進，就沒什麼好怕的」。

明白「有自信的人生原來這麼快樂」後，我如魚得水地享受著我的人生。

不過創業之後我察覺一件事。

我不經意地觀察身邊的成人，結果發現「沒有自信的成人」占了壓倒性的多數，讓我非常驚訝。到底有多少成人如餓虎撲羊般渴求著自信，想要獲得自信。

　　無從得知「自己的才華或自信」，當然也就沒辦法發揮；陰暗的臉上訴說著「明天又要工作」的人。

　　只是茫然地選擇社會上所謂的「正確答案」，煩惱「自己究竟是為何而生」的人。

　　一見到那些一臉「我沒有自信」的哀傷成人，我總是會想起以前的自己而感到心痛。

　　明明每個人都有光彩奪目的強項，只要發現這點，就能夠選擇更加發揮自己的強項……

　　正因如此，我才想讓了解「自己的強項」，覺得「工作真快樂，人生真有趣！」而生龍活虎工作的人能多一個是一個。

　　因著這樣的想法，我寫下了這本書。

　　謝謝你讀到這裡，看完了我冗長的故事。

　　這本書的原點，是我小時候在書中看見的「藏寶圖」。

　　每次只要看到埋藏著閃亮寶物的地圖，我的心中總是忍不住激動，興奮無比。

　　我並不是會和朋友嘻嘻哈哈玩鬼抓人或是打球的類型，而是看了書以後，照著自己的幻想畫出藏寶圖，在家附近的空地偷偷建立自己的秘密基地，一個人想像著尋寶探險的小孩。

不過長大成人之後，「興奮無比」的情緒漸漸減少了。繼續念書或就業，該走哪條路才好？進入哪間公司才會幸福？我開始不再用心感受，而總是用大腦思考這些事。

然後不知從何時起，我變得只追求「他人的正確答案」，放棄自己繪製地圖，只想要「畫有正確答案的現成地圖」。

或許有些讀者心有同感。

不過，我們還是可以擁有像小時候自己畫的「藏寶圖」一樣，光是抓著那張地圖就興奮無比，覺得自己可以去任何地方的心情。
說什麼我都想創作出那樣的書，於是寫出了本書。

你是否好好享受了《天職地圖》的世界了呢？

祝福你從今天起， 就像在玩遊戲般發掘「強項」，熟練使用方式，過著滿懷興奮、擁有你個人風格的人生。
也希望本書能在你內心快要撐不住時，成為你願意緊握在手中的寶物。

我會永遠支持你。

二〇二二年秋 土谷 愛

更多外掛攻略→

國家圖書館出版品預行編目資料

天職地圖：日本「強項大師」獨家設計，直達成功
的生涯探索遊戲！／土谷愛著；林佩玟譯 --初版.--
臺北市：平安文化，2023.10 面；公分. --(平安叢書
；第773種)(邁向成功；91)
譯自：自分だけの強みが遊ぶように見つかる適職
の地図

ISBN 978-626-7181-93-5（平裝）

1.CST: 職業性向 2.CST: 生涯規劃 3.CST: 自我實現

177.7   112015394

平安叢書第0773種

邁向成功叢書 91

天職地圖

日本「強項大師」獨家設計，
直達成功的生涯探索遊戲！

自分だけの強みが遊ぶように見つかる適職の地図

JIBUN DAKE NO TSUYOMI GA ASOBU YOUNI
MITSUKARU TEKISHOKU NO CHIZU
Text Copyright © Ai Tsuchitani 2022
All rights reserved.
Originally published in Japan in 2022 by KANKI
PUBLISHING INC.,Tokyo.
Traditional Chinese translation rights arranged with
KANKI PUBLISHING INC., Tokyo through Keio
Cultural Enterprise Co., Ltd., New Taipei City.

Complex Chinese Characters © 2023 by Ping's
Publications, Ltd.

作　　者—土谷愛
譯　　者—林佩玟
發 行 人—平　雲
出版發行—平安文化有限公司
　　　　　台北市敦化北路120巷50號
　　　　　電話◎02-27168888
　　　　　郵撥帳號◎18420815號
　　　　　皇冠出版社(香港)有限公司
　　　　　香港銅鑼灣道180號百樂商業中心
　　　　　19字樓1903室
　　　　　電話◎2529-1778　傳真◎2527-0904
總 編 輯—許婷婷
執行主編—平　靜
責任編輯—黃雅群
行銷企劃—謝乙甄
內頁設計—李偉涵
著作完成日期—2022年10月
初版一刷日期—2023年10月

法律顧問—王惠光律師
有著作權・翻印必究
如有破損或裝訂錯誤，請寄回本社更換
讀者服務傳真專線◎02-27150507
電腦編號◎368091
ISBN◎978-626-7181-93-5
Printed in Taiwan
本書定價◎新台幣380元/港幣127元

● 皇冠讀樂網：www.crown.com.tw
● 皇冠Facebook：www.facebook.com/crownbook
● 皇冠Instagram：www.instagram.com/crownbook1954
● 皇冠蝦皮商城：shopee.tw/crown_tw